PAUL GUIRAUD

Professeur à la Faculté des lettres de l'Université de Paris.

ÉTUDES ÉCONOMIQUES SUR L'ANTIQUITÉ

Ouvrage couronné par l'Académie française.

DEUXIÈME ÉDITION, REVUE ET CORRIGÉE

PARIS

LIBRAIRIE HACHETTE ET Cie

79, BOULEVARD SAINT-GERMAIN, 79

ÉTUDES ÉCONOMIQUES

SUR L'ANTIQUITÉ

898-05. — Coulommiers. Imp. Paul BRODARD. — 7-05.

PAUL GUIRAUD

Professeur à la Faculté des lettres de l'Université de Paris.

ÉTUDES ÉCONOMIQUES SUR L'ANTIQUITÉ

Ouvrage couronné par l'Académie française.

DEUXIÈME ÉDITION, REVUE ET CORRIGÉE

PARIS

LIBRAIRIE HACHETTE ET Cie

79, BOULEVARD SAINT-GERMAIN, 79

1905

ÉTUDES ÉCONOMIQUES

SUR L'ANTIQUITÉ

I

DE L'IMPORTANCE DES QUESTIONS ÉCONO-MIQUES DANS L'ANTIQUITÉ [1]

Les questions économiques avaient, dans les sociétés antiques comme dans la nôtre, une importance prépondérante. On est tenté de croire que, si le souci des intérêts matériels est de tous les temps, c'est dans les siècles modernes, notamment de nos jours, qu'il en est arrivé à primer tous les autres. A cet égard les Grecs et les Romains ne diffèrent en rien de nous, et même chez eux la politique était très souvent conduite par l'économie politique.

Les anciens, lorsqu'ils réfléchissaient là-dessus, s'en rendaient bien compte eux-mêmes. Dans les premiers chapitres de son histoire, quand Thucydide s'efforce

1. *Revue internationale de l'enseignement*, 15 mars 1888 (remanié).

de montrer ce qu'était la Grèce avant sa génération, il ne parle guère que de l'état du commerce, de l'industrie, de l'agriculture, de la navigation ; bien plus, c'est à une raison tirée de cet ordre d'idées qu'il attribue une des plus grandes révolutions du passé; l'établissement de la tyrannie dans la plupart des cités helléniques est, à ses yeux, une conséquence directe de l'accroissement de la richesse. L'auteur inconnu de l'opuscule qui a pour titre *le Gouvernement d'Athènes*, examine pourquoi les Athéniens sont si fortement attachés à leurs institutions démocratiques; il explique ce fait par les avantages matériels qu'elles leur assurent. Il va plus loin; il affirme que, s'ils tiennent à conserver l'empire de l'Archipel, et spécialement le privilège de juger leurs alliés, c'est parce que l'affluence des étrangers dans leur ville est pour les particuliers comme pour le trésor public une source de beaux profits. Ils obéissent encore, dit-il, à un autre calcul. Maîtres de la mer, ils peuvent aisément se procurer au dehors tout ce que leur pays ne produit pas, et c'est ainsi que les meilleures denrées de la Sicile, de l'Italie, de Chypre, de l'Égypte, de la Lydie, du Pont, du Péloponnèse viennent se concentrer au Pirée. Leur puissance leur confère une sorte de monopole commercial, et elle s'exerce autant dans le domaine politique que dans le domaine économique.

On sait avec quel soin scrupuleux Platon dans ses *Lois* règle la distribution des terres entre les citoyens de l'État qu'il prétend fonder; il semble que les destinées tout entières de cet État dépendent de la manière dont le sol sera possédé. Il n'est pas moins préoccupé de limiter la richesse mobilière, parce qu'il est convaincu que, si elle se développe librement, elle jettera un trouble profond dans la cité.

Les philosophes grecs qui écrivirent sur ces matières pensaient, comme lui, que les discordes intérieures avaient leur origine dans des questions d'intérêt. Aussi s'appliquaient-ils à organiser de la façon la plus équitable la propriété foncière. Tel était ce Phaléas de Chalcédoine qui avait inventé des combinaisons ingénieuses pour garantir à jamais l'égalité des biens ruraux. Hippodamos de Milet et Hippodamos le Pythagoricien poursuivirent un objet analogue. Les Stoïciens et les Cyniques semblent avoir préconisé le communisme. Tous ceux en un mot qui conçurent des plans de réformes politiques imaginèrent en même temps des plans de réformes sociales et économiques, comme s'ils estimaient que les deux choses étaient inséparables.

Mais nul n'a mieux réussi qu'Aristote à montrer le lien qui doit les unir. D'après lui, une certaine espèce de gouvernement n'est bonne que dans une certaine société; ainsi le milieu le plus propice à une sage démocratie serait un État où dominerait la classe agricole. Il proclame ce principe que les changements politiques proviennent presque toujours d'une rupture d'équilibre entre les classes; qu'une d'elles grandisse par le nombre ou par la richesse, et une nouvelle répartition des pouvoirs s'ensuit nécessairement. Il montre que les lois relatives à la propriété ont une influence capitale sur l'esprit et le fonctionnement des constitutions. Il prouve que les partis se disputent plus volontiers « le gain que les honneurs », et que le vainqueur succombe le plus souvent parce qu'il est trop enclin à puiser dans la bourse de ses adversaires. Tout cela nous atteste qu'on n'a pas attendu jusqu'à nos jours pour comprendre que la satisfaction des appétits matériels est la première nécessité de l'homme, et que c'est là le plus puissant moteur de la machine sociale comme de la machine humaine.

Si les anciens avaient une notion précise de ces faits, il est naturel que leurs institutions en aient conservé la trace. C'est en effet ce que révèle aux moins attentifs la connaissance de la vie antique.

Les Grecs et les Romains avaient au plus haut degré le goût des affaires et l'esprit de spéculation. De bonne heure naquirent sur le pourtour de la mer Égée des places de commerce, telles que Corinthe, Égine, Milet, Chalcis, dont les opérations s'étendaient au loin, et finalement Athènes les éclipsa toutes au v\u1d49 siècle avant Jésus-Christ. Ces villes ne se contentaient pas d'avoir des relations les unes avec les autres et avec les contrées voisines; leur trafic avait déjà un caractère « mondial », et pénétrait dans toutes les terres explorées, même en plein pays barbare. Sans doute leur champ d'action nous paraît très restreint, si nous le comparons au nôtre; mais c'était une entreprise hardie pour une cité asiatique du VIIe et du VIe siècle que d'envoyer ses produits au fond de la mer Noire, en Égypte, en Étrurie et en Espagne. Cela supposait une force d'expansion aussi grande que celle qui pousse nos négociants au Japon ou en Australie. L'horizon commercial des Grecs s'élargit encore après les conquêtes d'Alexandre, et plus tard la création de l'empire romain eut pour effet de déterminer un courant régulier qui amenait au cœur de la Méditerranée certains objets de l'Inde, de la Chine, de l'Afrique centrale et des bords de la Baltique. Rome jouait alors un rôle pareil à celui de Londres ou d'Hambourg, avec cette différence qu'elle ne cessait d'importer, sans exporter autre chose que de l'argent.

L'État ne négligeait rien, surtout en Grèce, pour favoriser les transactions. Il existait des droits de douane; mais ils n'étaient ni prohibitifs ni protecteurs; ils avaient pour but plutôt de procurer quelques ressources au Trésor que d'écarter la concurrence étrangère, et on les maintenait à un niveau très bas. En Attique, ils ne dépassaient pas 2 p. 100, et il est probable que le Pirée était un port franc; en Gaule, sous l'Empire, ils atteignaient à peine 2 1/2 p. 100. Aristote déclare que le devoir d'un bon gouvernement est de connaître « les objets susceptibles d'être exportés ou importés, afin de former des arrangements diplomatiques à ce sujet[1] ». C'est un point que les Athé-

---

1. *Rhétorique*, I, 4, 11.

niens ne perdirent pas de vue. Ils ne signèrent pas, à vrai dire, de traités de commerce, et il n'y avait pas lieu d'en signer, du moins si l'on entend par là un accord qui stipule la suppression ou la réduction réciproque des tarifs douaniers; car on sait combien ces tarifs étaient faibles. Mais ils se firent parfois consentir des avantages spéciaux, par exemple la faculté d'acheter tout le vermillon de l'île de Kéos et de l'exporter en franchise[1]. Les princes du Bosphore Cimmérien leur octroyèrent un traitement de faveur en ce qui concerne le blé. De même les Chalcidiens reçurent du roi de Macédoine Amyntas III le privilège de se pourvoir chez lui de poix et de bois de construction[2]. Les Romains se lièrent aussi par des conventions commerciales. Quand l'État eut aménagé les salines d'Ostie, ils s'engagèrent à approvisionner de sel les Sabins[3]. A deux ou trois reprises avant les guerres puniques, des traités intervinrent entre eux et les Carthaginois, pour établir sous quelles conditions les navires marchands de chaque peuple auraient accès dans les possessions de l'autre[4]. Un pacte conclu avec Tarente leur interdit longtemps de naviguer au delà du cap Lacinien, sur la côte de la mer Ionienne[5]. Le plus grand obstacle au trafic était en

1. *Corpus inscriptionum atticarum*, II, 546.
2. Michel, *Recueil d'inscriptions grecques*, 5.
3. Pline, XXXI, 89.
4. Polybe, III, 22-24. L'authenticité du premier traité (celui de 509 av. J.-C.) a été mise en doute.
5. Appien, *Sur les affaires Samnites*, VII, 1.

Grèce l'extrême variété des systèmes monétaires. On essaya d'y remédier par des unions semblables à notre *Union latine*. La monnaie athénienne finit même par être acceptée librement comme instrument d'échange international, et dans la suite il en fut de même des monnaies frappées par Philippe et Alexandre. C'est, au contraire, par voie d'autorité que Rome chercha à réaliser l'unité monétaire dans son empire, en donnant partout cours légal à ses monnaies d'or et d'argent, et en adaptant au type romain les monnaies locales dont elle tolérait la fabrication.

La juridiction consulaire, qui ne date en France que de trois siècles et demi, fonctionnait déjà chez les Athéniens. Il y avait un tribunal, celui des *juges maritimes*, qui connaissait des contestations nées « entre gens de mer et négociants, pour expéditions faites d'Athènes ou sur Athènes ». Afin d'éviter toute perte de temps, les audiences ne se tenaient que pendant la mauvaise saison, de septembre à avril, quand la navigation était suspendue, et il fallait que la sentence fût prononcée dans le délai d'un mois. L'arrêt était aussitôt exécuté, et, tandis que la loi prohibait la contrainte par corps en matière civile, elle l'admettait en matière commerciale.

S'il est un genre de trafic qui semble propre aux sociétés modernes, c'est le commerce de l'argent. Les capitaux sont si abondants autour de nous, ils rendent tant de services, ils engendrent tant d'abus, ils occupent enfin une si large place dans les esprits, et ils influent tellement sur les événements, qu'on se figure volontiers, par une illusion très naturelle, que cette force est d'origine toute nouvelle, et que les anciens ne l'ont pas connue. Il est indubitable que ceux-ci avaient beaucoup moins d'argent à leur disposition; mais qu'importe, si, alors comme aujourd'hui, il était, sous une forme infiniment plus restreinte, un des outils essentiels de l'activité humaine?

Les Athéniens savaient à merveille tirer parti de leurs capitaux. Ils distinguaient l'argent « oisif » et l'argent « qui travaille », et ils voulaient que leurs drachmes travaillassent le plus possible. Quiconque avait des économies s'évertuait pour découvrir un emprunteur; aussi remarque-t-on que la plupart des successions comprenaient quelques créances. C'était en effet un appât bien séduisant que l'espoir de toucher un intérêt de 12, 18 et même, quand on courait un gros risque, de 30 p. 100. Presque toutes les villes avaient des banques, qui se livraient à des opérations très diverses : garde des titres et rédaction des contrats, paiements soit sur sommes déjà consignées, soit avec des avances de fonds, comptes courants, change de place, crédit. Il y avait même des banques d'État, investies par la loi d'un véritable monopole[1].

A Rome, l'amour du lucre était si répandu que les soldats spéculaient pendant les expéditions militaires.

1. Th. Reinach, *l'Histoire par les monnaies*, p. 204-205.

Caton détestait les usuriers, et pourtant il finit par les imiter. L'honnête Brutus prêtait à de malheureux provinciaux sur le pied de 48 p. 100. Une classe entière, celle des Chevaliers, ne se composait guère que d'hommes de finance. Les capitalistes ne demeuraient pas toujours isolés : ils s'associaient souvent entre eux et constituaient des compagnies organisées sur le modèle des nôtres, avec des actionnaires et des commanditaires, un directeur, un conseil d'administration, des employés de tout ordre, des livres de caisse et de correspondance. On verra plus loin ce qu'étaient ces manieurs d'argent, la nombreuse clientèle qu'ils groupaient autour d'eux, les bénéfices qu'ils faisaient, et l'action énorme qu'ils exerçaient sur tout le gouvernement.

Le problème des subsistances a partout une gravité exceptionnelle, et il n'est pas étonnant qu'à Athènes il ait hanté les esprits. L'Attique tirait du dehors une bonne partie du blé qu'elle consommait; elle était donc intéressée à se ménager l'accès des contrées où il était le plus abondant, notamment de cette région du Bosphore Cimmérien qui correspondait à la Russie méridionale. C'est pour cette raison que Périclès eut soin d'y installer, sur quelques points fortifiés, des garnisons athéniennes. Après la guerre du Péloponnèse, on évacua ces postes lointains; mais dès lors la politique constante d'Athènes fut d'entretenir les relations les plus cordiales avec les maîtres du pays. Nous avons toute une série de décrets rendus en l'honneur des souverains du Bosphore ; ils sont autant de témoigages du prix qu'on attachait à leur alliance. Ce n'était pas assez d'y demeurer fidèle ; il fallait encore que les communications fussent toujours libres entre le Pirée et les ports des terres à blé. Jamais les Anglais ne surveillèrent la route des Indes d'un œil plus jaloux que les Athéniens celle du Bosphore. Il y avait un passage qu'il importait surtout de garder, c'étaient les deux détroits qui relient la mer Égée au Pont-Euxin. Au temps de leur hégémonie maritime, les Athéniens s'étaient empressés de rattacher à leur autorité la ville de Byzance ; de plus, ils avaient envoyé dans l'Hellespont des commandants militaires, sans doute avec des troupes et une escadre, pour en faire la police ; enfin la Chersonèse de Thrace était tout entière une colonie d'Athènes, en relations permanentes avec la métropole. La victoire définitive de Sparte mit un terme à cet état de choses. Mais, aussitôt qu'ils se furent relevés de leur défaite, les Athéniens portèrent de nouveau leurs regards sur les détroits, et une des premières cités qu'ils incorporèrent à leur empire restauré fut Byzance. La Propontide était si bien pour eux le point vulnérable par excellence, que Philippe de Macédoine employa toutes les forces de son armée et toutes les ressources de sa diplomatie pour les y supplanter, et l'on vit Démosthène faire tout exprès le voyage pour conquérir l'amitié des inconstants Byzantins.

Le blé joua un rôle tout différent, mais aussi considérable, dans les commencements de la République romaine. Deux raisons principales plaçaient à cet égard les pauvres dans un état d'infériorité par rapport aux riches. Quand une guerre éclatait, le plébéien était appelé sous les armes, et, en son absence, son champ restait inculte. Le patricien servait comme lui, mais il laissait sur son domaine des esclaves pour le travailler, et il était sûr ainsi d'avoir toujours sa récolte. S'il survenait une disette, le riche, qui seul avait des capitaux, pouvait tirer de l'étranger de quoi se nourrir et de quoi ensemencer. C'était là un grand avantage qu'il avait sur le pauvre. Celui-ci, en effet, le jour où le blé lui manquait, était forcé d'en emprunter au riche, et l'on sait combien était précaire la condition de l'homme que le malheur réduisait à cette extrémité. Si sa mauvaise fortune l'empêchait de se libérer à l'échéance, il courait le risque de perdre sa liberté, et il n'échappait à l'esclavage que pour tomber dans la plus affreuse misère. Ainsi se justifie la dangereuse popularité dont jouit Spurius Mœlius, pour avoir simplement distribué du blé à la plèbe; on crut que c'était le prix dont il voulait payer la couronne royale, et peut-être en eut-il véritablement le dessein. Parfois le Sénat achetait sur les marchés voisins de grandes quantités de grain qu'on vendait ensuite aux citoyens pauvres. C'était se ménager un moyen commode d'arracher aux plébéiens des concessions politiques ou de vaincre leur résistance. Un jour que Rome souffrait de la faim, Coriolan proposa de leur livrer du blé à bon compte, pourvu qu'ils consentissent à l'abolition du tribunat[1]. Il lui en coûta cher, dit on, d'avoir tenu ce langage; mais il est possible que dans d'autres circonstances le procédé ait été appliqué avec plus de perfidie et de succès. Ihering explique par là les brusques alternatives de hardiesse et de résignation que l'on observe dans la conduite de la plèbe[2]; elle cédait quand elle n'avait rien à manger et qu'elle attendait son pain de la noblesse.

L'état de la propriété foncière entraîne, pour le régime politique d'un pays, de graves conséquences. Il n'est pas indifférent, par exemple, que le sol soit très morcelé, ou, au contraire, concentré en un petit nombre de mains. Dans les cités aristocratiques de la Grèce, on avait multiplié les précautions pour que la terre demeurât à perpétuité dans les mêmes familles. La terre était considérée comme la propriété collective des générations qui se succédaient, et chacune d'elles n'en avait que la jouissance. Il était défendu de la vendre, de l'hypothéquer, de la léguer, de la donner, de l'aliéner enfin de quelque manière que ce fût; elle passait de plein droit du père défunt au fils survivant, et elle avait les caractères d'un bien plutôt familial qu'individuel. Les idées sur ce point se modifièrent

1. L'histoire de Coriolan est en partie légendaire; mais elle doit reposer sur un fonds de vérité.
2. Ihering, *l'Esprit du droit romain*, II, p. 234 (trad. franç.).

avec le temps, et des règles nouvelles prévalurent, notamment à Athènes depuis Solon. La vente de la terre fut autorisée, et rendue facile par la suppression de toute formalité gênante. La liberté de tester fut proclamée sous certaines réserves. L'usage de constituer une dot aux filles devint pour le père une obligation morale, qui se transforma en un devoir strict pour les parents riches d'une orpheline pauvre. La loi prescrivit le partage égal des successions, du moins entre les enfants mâles, et l'aîné n'eut droit à un préciput que si la volonté du père l'exigeait. Tout individu eut la faculté de donner sa terre en gage à ses créanciers, et l'hypothèque servit de garantie aux biens des mineurs et aux biens dotaux comme aux dettes ordinaires. La terre ne fit plus corps avec la famille, et il fut désormais possible de rompre les liens qui unissaient l'une à l'autre. Elle se mobilisa, pour ainsi dire, de plus en plus, et elle circula aisément de mains en mains. Elle fut un objet de commerce comme tout le reste, et il suffit, pour l'acquérir, de pouvoir le payer. Aussi remarque-t-on qu'à la fin du ve siècle la petite et la moyenne propriété dominaient en Attique. Les trois quarts des citoyens possédaient le sol, et il suffisait d'avoir un bien d'une trentaine d'hectares pour figurer parmi les grands propriétaires. C'est pour ce motif qu'Athènes eut un gouvernement démocratique. La nature de ses institutions politiques fut déterminée par la nature de ses lois civiles. Tous les Athéniens participaient, en théorie et dans la pratique, à l'exercice de la souveraineté, parce qu'il n'y en avait presque aucun qui dans la vie privée fût asservi à autrui. Leur dignité de citoyen prenait sa source dans l'orgueil naturel à l'homme qui se sent maître sur un coin de terre où il est vraiment roi, et les pauvres s'égalaient aux plus riches, parce que la condition des uns et des autres, prise en elle-même, était identique.

Rome fut une république aristocratique pour une raison analogue à celle qui fit d'Athènes une démocratie. Comme le sol resta longtemps chez elle la source presque unique de la richesse et qu'il en fut toujours la source principale, c'est sur lui que se portèrent de préférence les convoitises; c'est lui que la haute et la basse classe se disputèrent avec acharnement; et il arriva que dans ce conflit la dernière finalement succomba. La grande propriété se développa de deux façons. D'abord le petit paysan fut amené de gré ou de force à céder son patrimoine au voisin qui le guettait pour arrondir ses domaines; souvent même il s'estima très heureux de s'en débarrasser, quand la concurrence de l'étranger diminua tellement les prix des denrées agricoles que la culture cessa d'être rémunératrice. De plus les terres publiques que l'État abandonnait au premier occupant, moyennant une faible redevance, furent accaparées par les riches. Les détenteurs, il est vrai, n'en avaient que l'usufruit; mais tous leurs efforts tendirent à les transformer en propriétés privées, et ils y réussirent, du moins en Italie, vers la fin du II° siècle av. J.-C. Ainsi se constituèrent ces immenses *latifundia* dont parle Pline. La concentration fut poussée si loin, qu'un tribun avait le droit de constater en plein Forum qu'il n'y avait pas dans Rome deux mille propriétaires[1], alors qu'Athènes, dont la population était bien moindre, on comptait quinze mille.

Pour comble de malheur, il n'existait pas au-dessous des possesseurs du sol une couche de tenanciers ou d'ouvriers libres, chargée de l'exploiter. Les Romains aimaient mieux se servir d'un personnel d'esclaves gouverné par un intendant. Ce n'est pas que les frais de main-d'œuvre fussent, dans ce cas, moins élevés; on calcule, au contraire, que le travail servile est, en somme, plus cher que l'autre. Mais il offrait des avantages qui compensaient, et au delà, cet inconvénient, je veux dire l'autorité absolue du maître sur l'esclave, le droit qu'il avait de s'approprier tous ses gains, toutes ses économies, les profits enfin qu'il retirait du croît de son troupeau humain comme du croît de son bétail. Le paysan ne fut donc pas seulement privé de sa terre, il perdit même le droit d'utiliser ses bras, et il fut condamné simultanément à la pauvreté et à l'oisiveté. Entraîné vers Rome par l'attrait de l'inconnu, par les séductions de la ville, par le désir d'y chercher fortune, il y retrouva la misère et le désœuvrement qu'il fuyait.

1. Cicéron, *De officiis*, II, 21, 73.

Il dut demander une partie de sa subsistance à l'État;
le reste lui fut fourni par l'aumône dédaigneuse du
riche. Théoriquement, il garda toute sa liberté; au
fond, il fut assujetti, sous le nom de client, à l'homme
qui le nourrissait; il conserva les titres et les prérogatives du citoyen; il n'en eut plus la dignité. Ce
n'était plus lui qui votait dans les comices, c'était son
patron qui votait sous son nom. On avait beau proclamer l'égalité politique de tous les Romains, et les
admettre tous dans les assemblées où se faisaient les
lois, où étaient élus les magistrats; l'abaissement de
la plèbe assurait la domination de la noblesse, et le
jour où cette multitude, écoutant la voix des ambitieux,
essaya enfin de s'émanciper, ce ne fut pas la démocratie qu'elle créa, ce fut l'anarchie et le despotisme.

Depuis Machiavel et Montesquieu, on a beaucoup
disserté sur les raisons des conquêtes de Rome, et on
les a surtout expliquées par la puissante organisation des légions et par l'habile diplomatie du Sénat.
Il est une autre cause qui peut-être fut plus efficace
encore. C'est un fait singulier que partout, en Italie,
en Grèce, en Gaule, le parti aristocratique fut favorable aux Romains, tandis que le parti démocratique
leur était hostile. Serait-ce que celui-ci avait un
patriotisme plus ardent et un amour plus vif de
l'indépendance? Il n'y a pas apparence qu'il ait eu le
monopole de ce double sentiment. Si la haute classe
résista mollement aux armes de Rome, ce fut pour
d'autres motifs. Dans l'intérieur de chaque cité, les

hommes étaient divisés par un violent antagonisme d'intérêts; ils se disputaient non le pouvoir, mais la richesse; suivant que telle ou telle faction gouvernait, c'étaient les pauvres qui se voyaient opprimés, ou les riches qui se voyaient dépouillés. Ces derniers, étant perpétuellement menacés dans leurs biens, allèrent chercher au dehors la protection que leur refusaient les institutions locales, et une sympathie toute spontanée les rapprocha de la cité où l'oligarchie était maîtresse. Quand les hommes ont à choisir entre la liberté et leurs intérêts matériels, c'est toujours la liberté qu'ils sacrifient. D'ailleurs une obstination trop grande à se défendre contre Rome exposait tous ces privilégiés à des dangers redoutables qu'ils avaient à cœur de conjurer. Comme la guerre conférait au vainqueur tous les droits sur le vaincu, ils étaient menacés d'une spoliation totale, au cas où leur soumission ne viendrait qu'après une défaite. Il y en eut quelques exemples, qui étaient faits pour intimider les plus hardis. Il était tout simple pourtant qu'ils produisissent une impression moins forte sur ceux qui, n'ayant rien, n'avaient aussi rien à perdre. Quant aux autres, j'entends ceux à qui la fortune procurait toutes les jouissances de la vie, on conçoit qu'ils n'aient pas voulu en faire l'enjeu d'une lutte incertaine contre une nation qui savait vaincre et châtier, et lorsque le Sénat leur promettait un traitement d'autant plus doux qu'ils seraient eux-mêmes moins revêches, il était évident qu'un pareil argument les toucherait. Il arriva ainsi que, dans chacune de ses guerres, Rome n'eut à combattre que la moitié du peuple qu'elle attaquait, tandis que l'autre moitié désirait son succès, quelquefois même y contribuait.

On rencontre fréquemment dans l'histoire romaine la mention de lois agraires, et l'on sait qu'elles avaient pour objet non pas de diminuer le nombre des propriétaires, en leur ôtant de force leurs biens, mais, au contraire, de l'augmenter par des concessions de terres publiques. Ces terres étaient déjà occupées par autrui, généralement par des riches. Il fallait donc commencer par les leur reprendre. Nul ne contestait ce droit à l'État. Il avait toléré qu'on s'y établît; mais, tant qu'on ne les aliénait pas expressément, il avait la faculté de les revendiquer à tout moment, et la prescription ne lui était pas opposable. Or l'homme s'attache facilement à la terre; il se forme assez vite entre elle et lui des liens d'affection et d'intérêt dont la rupture, au bout de quelque temps, lui est douloureuse, et il a une tendance invincible à considérer comme étant sa propriété le sol qu'on lui confie à titre précaire. Ajoutez que ces parcelles avaient été transmises par héritage, par donation, par vente, par hypothèque. On y avait même exécuté des travaux de construction, de défrichement et d'aménagement, parce qu'on était habitué à l'idée de les garder toujours. De là vient que l'annonce d'une loi agraire avait pour effet de jeter le trouble parmi les possesseurs de l'*ager publicus*, non seulement parce qu'elle les menaçait de les appauvrir, mais aussi parce qu'elle faisait revivre, avec une sanction nouvelle, les droits surannés de l'État.

Les motions de ce genre se reproduisirent souvent dans le dernier siècle de la République. La richesse immobilière, par suite, fut dans un état permanent d'instabilité, et elle subit une dépréciation proportionnelle aux risques qu'elle courait. On avait beau apporter ou promettre des tempéraments dans l'application des mesures agraires, offrir même de larges indemnités à ceux qu'on évinçait. Ces dépossessions, si légitimes qu'elles fussent en principe, avaient l'inconvénient de montrer que l'État ne renonçait pas à ses droits. En outre, toute terre qu'il réclamait pour y installer un propriétaire de son choix était à jamais perdue pour ceux qui auraient pu l'occuper ou l'affermer, et beaucoup de personnes avaient leurs intérêts engagés dans l exploitation des terres domaniales. Il y eut là pour le régime républicain une cause réelle d'impopularité, et un historien ancien semble en faire l'aveu, lorsqu'il dit que l'Empire rendit à chacun la certitude de n'être pas inquiété dans la jouissance de ses biens [1]. Désormais, en effet, on n'aperçoit plus la moindre trace d'une loi agraire.

La terre provinciale, même restée aux mains de ses maîtres, étaient réputée terre d'État, uniquement parce qu'elle avait été conquise. Le possesseur qui

1. Velleius Paterculus, II, 89, 4.

l'avait reçue de ses ancêtres n'en était officiellement que l'usufruitier. Quoiqu'il en disposât à sa guise, il n'en était pas vraiment le propriétaire; et le tribut qu'il payait tous les ans était la marque de la servitude qui la frappait. L'Empire modifia un peu ces conditions. Dès le début on procéda au *census* du monde romain, à l'inventaire détaillé de la propriété foncière. Fustel de Coulanges prête à cet acte une importance excessive. « On se tromperait fort, disait-il, si l'on croyait qu'il ne s'agit ici que de cette mesure d'administration que les modernes appellent un recensement ou un cadastre. Inscrire une terre sur les registres du cens, c'était reconnaître légalement que la terre n'appartenait pas à l'État et qu'elle était le domaine propre d'une famille. L'inscription au cens était un titre de droit. Le cens avait double effet; en même temps qu'il servait de base à la répartition de l'impôt foncier, il assurait aux hommes la propriété complète et absolue de leur sol ». Il y a dans ce langage une exagération évidente. Sous l'Empire, l'inscription au cens constituait un titre seulement à l'égard des tiers, mais non pas à l'égard de l'État. La preuve c'est que les jurisconsultes de cette époque ne laissent aux provinciaux que la jouissance de leurs immeubles et en attribuent la propriété à Rome. Toutefois il est notoire que le droit de l'État était purement nominal et que dans la pratique nul n'en souffrait, sauf au point de vue fiscal.

L'Italie faisait exception à cette règle, parce qu'elle

n'était habitée que par des citoyens romains. Là le
sol pouvait appartenir pleinement aux particuliers,
et le signe de ce privilège était l'exemption de l'impôt
foncier. Or les empereurs étendirent à quelques
municipalités provinciales la faveur dont bénéficiaient
les Italiens. En leur conférant le *jus italicum*, ils
décidaient que dans ces cités le sol serait susceptible
de devenir un objet de propriété et que par conséquent il serait affranchi de toute taxe. On devine la
popularité qui résulta pour le régime impérial de
cette consolidation définitive de la propriété privée,
sinon partout, du moins sur certains points.

Il n'est pas d'institution, il n'est pas de conception
politique dans l'antiquité qui n'ait subi le contre-coup
des idées économiques du temps. De nos jours, un
des articles du programme démocratique est l'extension, aussi large que possible, des droits du citoyen.
Le suffrage universel présente des défauts qui sautent
aux yeux de tous, et pourtant il n'est pas un démo-
crate qui songe à le supprimer. Bien plus, on parle
par moments d'admettre les femmes au droit de
voter, et il a été fait la proposition d'accorder l'élec-
torat politique et l'éligibilité aux indigènes d'Algérie.
En Grèce, on était beaucoup plus rigoureux. Sous
l'administration de Périclès, à l'époque où la démocratie était dans tout son éclat, on décida que, pour
être citoyen, il fallait être né d'un père athénien
et d'une mère athénienne, et l'on raya des listes
5 000 individus qui ne remplissaient pas cette condi-

tion. Cette règle tomba en désuétude durant la guerre
de Péloponnèse; elle fut remise en vigueur après la
paix. Un détail conservé par Plutarque nous fait saisir
le caractère véritable de cette double mesure La première de ces lois fut adoptée pendant une disette dont
souffrit l'Attique. Un prince égyptien avait envoyé
un chargement de blé, et il s'agissait de savoir qui
aurait part aux distributions. On restreignit tant
qu'on put le nombre des citoyens, pour qu'il y eût
moins de personnes appelées à recevoir du grain. Ce
ne fut pas un principe théorique, ni même une raison
politique qui dans ce cas détermina les limites du
« pays légal », ce fut un intérêt matériel, une question
d'assistance publique.

Aucune cité oligarchique ne veilla sur son *livre
d'or* avec plus de soin que la démocratique Athènes
sur ses registres civiques. Pour créer un nouveau
citoyen, il fallait d'abord prouver que l'homme avait
rendu des services à l'État, et qu'il méritait une
récompense nationale. Il fallait ensuite que le peuple
votât « la prise en considération » de la demande,
puis que, dans une assemblée spéciale, la faveur fût
décernée à une très forte majorité; cela fait, il était
encore loisible à tout Athénien d'intenter à l'auteur
de la motion une accusation d'illégalité, et, si le
procès aboutissait à la condamnation de ce dernier,
le décret était, du même coup, annulé.

Pourquoi toutes ces précautions, qui contrastent
singulièrement avec la précipitation que l'on mettait

parfois à expédier des affaires beaucoup plus graves ?
Elles ne tiennent pas seulement à l'orgueil de race, à
une espèce de mépris instinctif pour l'étranger, à
l'idée très haute que l'on avait du titre de citoyen.
Elles tirent aussi leur origine d'une source moins
noble. La concession du droit de cité entraînait le
droit de posséder la terre; or il est clair que plus il y
aurait d'étrangers autorisés à acquérir le sol attique,
moins il resterait de place pour les Athéniens de
naissance; c'est pour éviter cette concurrence qu'on
était, en ces matières, si peu généreux. A cette préoccupation s'en joignait une autre. L'art de la politique,
dans les États helléniques, était trop souvent l'art
d'exploiter les ressources publiques au profit exclusif
de la classe dominante. On avait bien cette opinion
que dans une république sagement ordonnée les
charges doivent être en proportion des droits, mais
il n'était pas rare que cette règle salutaire fût violée.
Le budget athénien n'était pas uniquement consacré
aux dépenses d'intérêt général; il était également
destiné à nourrir les pauvres et à les amuser. L'impôt
affectait la forme d'un prélèvement opéré sur la fortune des riches au bénéfice des autres, et comme les
revenus de l'État étaient forcément limités, on éprouvait le besoin de réduire, ou tout au moins de ne pas
trop augmenter le nombre de ceux qui participaient
à la curée, pour que les portions fussent plus grosses.
Voilà pourquoi on faisait bonne garde autour du titre
de citoyen. Qu'on en soit très prodigue chez nous,

cela n'a qu'une importance politique. A. Athènes, un pareil abus passait pour avoir des conséquences bien plus fâcheuses, du moment qu'il devait amener ce résultat de rogner la ration de chacun au banquet de la vie.

Une des questions qui troublèrent le plus la république romaine à son déclin, ce fut la question des Italiens. Il y avait là une masse énorme de populations qu'il était impossible de condamner plus long-temps à l'état de sujétion qu'on leur imposait, et quelques esprits clairvoyants étaient d'avis de leur conférer le droit de cité romaine. Plusieurs tentatives dans ce sens furent faites ou du moins conçues. L'aristocratie les combattit de son mieux, et, en agissant de la sorte, elle était dans son rôle; car elle aimait peu d'ordinaire des transformations aussi brusques, et de plus elle craignait que l'introduction soudaine d'une si grande foule d'individus dans les comices n'en modifiât profondément l'esprit. Mais ce qui paraît, au premier abord, très étrange, c'est que la plèbe ne fut pas moins hostile à ce projet que le Sénat. Elle ne se contenta pas de refuser son appui aux Italiens, elle alla jusqu'à retirer son affection aux hommes qui la défendaient elle-même, du jour où elle les vit défendre également la cause de l'Italie, et l'on peut dire que cette grave question fut le principal obstacle où se brisa la popularité de Caius Gracchus et du second Drusus. Une aberration semblable serait incompréhensible, si l'on oubliait qu'à Rome comme en Grèce c'était un avantage matériel d'être citoyen.

Ici toutefois le budget de l'État n'était pas mis en coupe réglée par les affamés de la classe inférieure; c'étaient plutôt les riches qui spontanément sacrifiaient à la populace une partie considérable de leur fortune, soit en lui distribuant des vivres, soit en lui offrant des spectacles pompeux, soit en achetant ses suffrages. A cela s'ajoutaient encore les cadeaux que de temps à autre elle recevait de la République : tantôt du blé livré gratis ou à bas prix, tantôt une part du butin enlevé à l'ennemi, tantôt des terres détachées du domaine public. Quelle que fût l'origine des biens qui lui tombaient ainsi dans les mains, la plèbe romaine ne se souciait nullement de les partager avec autrui. Elle n'examinait pas si l'intérêt de l'État n'était point de réparer enfin les injustices dont les Italiens étaient victimes; elle avait une proie à dévorer, et son unique pensée était de la protéger contre les intrus qui essayaient d'y mettre la dent.

Ces divers exemples suffisent, je crois, pour démontrer la vérité que j'énonçais au début. L'homme, dans tous les temps, est conduit par deux mobiles, les idées et les appétits, et il semble que, tout compte fait, il obéit au second plus souvent qu'au premier. Même quand un peuple cède à une impulsion en apparence exclusive de tout calcul, même quand il poursuit un but de gloire ou de justice, et qu'il s'engage à la recherche d'une noble chimère, il se mêle presque toujours à ses sentiments et à ses pensées, parfois sans qu'il en ait conscience, des préoccupations d'ordre plus matériel. Il ne faut pas trop s'en plaindre ; car le souci du pain quotidien, entendu au sens le plus large du mot, est pour beaucoup dans la merveilleuse activité que déploie l'humanité, depuis qu'elle existe. Si la terre n'était peuplée que de fakirs, elle serait restée dans un état de complète barbarie, et il ne s'y serait accompli rien de beau ni de bon. Ce qui donne à l'homme sa force et sa dignité, c'est le travail et l'amour du travail ne s'empare de lui que sous l'empire de la nécessité. Les Grecs n'auraient pas propagé dans tout l'Orient leur langue et leur culture, s'ils n'avaient pas eu le génie du commerce, et les Romains n'auraient pas conquis le monde s'ils n'avaient pas été âpres au gain. On a dit que la guerre entretenait dans l'âme humaine quelques-unes de ses qualités les plus hautes. La lutte pour la vie est une guerre aussi, et si les bienfaits qu'elle engendre sont d'une tout autre nature, ils ne sont pas non plus à dédaigner. D'ailleurs, heureux ou non, les effets qu'elle produit sont réels, et par suite il y a là un fait qui mérite de solliciter l'attention. Le régime de la propriété, l'état du commerce et de l'industrie, la répartition de la richesse, l'organisation du travail, les systèmes d'impôts sont des sujets aussi dignes d'intérêt que le récit des batailles et des révolutions politiques. On peut par cette voie pénétrer dans les derniers replis de l'âme humaine et atteindre le fond même de l'histoire.

II

L'ÉVOLUTION DU TRAVAIL EN GRÈCE[1]

Je voudrais reprendre avec quelques développements une idée que j'ai seulement indiquée dans deux ouvrages antérieurs[2], et montrer le rapport qui existait en Grèce entre le régime du travail et les institutions publiques. Il semble, à première vue, que ce soient là deux ordres de faits bien distincts. La présente étude aura pour objet de mettre en lumière la connexité qui les unissait dans le monde hellénique. Elle conduira, j'espère, à cette conclusion, que le régime du travail y subit à toutes les époques le contre-coup des changements qui s'opéraient dans les conditions de la vie politique. Cette loi n'est pas vraie uniquement de la Grèce; elle s'applique aussi à

1. *Revue des Deux Mondes*, 1er février 1902.
2. Voir *la Propriété foncière en Grèce jusqu'à la conquête romaine* (1893) et *la Main-d'œuvre industrielle dans l'ancienne Grèce* (1900).

d'autres sociétés, et il serait facile d'en vérifier l'exactitude dans notre propre histoire. Je n'insisterai pas sur ces comparaisons ; il me suffira d'en suggérer la pensée au lecteur. On discernera peut-être, au-dessous des apparences, certaines similitudes qui tiennent d'abord à ce qu'il y a de permanent dans la nature humaine, et qui dérivent aussi des affinités particulières que nous pouvons avoir avec un peuple dont la civilisation se rapproche à bien des égards de la nôtre.

I

Le régime patriarcal. — Mœurs laborieuses. — Les esclaves et le service domestique. — Les esclaves et le travail des champs. — Les ouvriers libres.

Les plus vieux documents qui nous renseignent sur l'organisation du travail en Grèce sont l'*Iliade* et l'*Odyssée*. La société hellénique remonte beaucoup plus haut, et les découvertes archéologiques prouvent qu'il y eut, avant le temps où on place ces deux poèmes, de longs siècles d'activité agricole et industrielle. Mais, des hommes qui vivaient dans l'Hellade préhistorique, nous ne connaissons que les œuvres ; quant à eux, nous ignorons à peu près ce qu'ils étaient. Pour nous borner à une question bien simple, le mode de travail le plus usuel était-il alors le travail servile? C'est ce qu'il est impossible de dire. Il nous faut descendre jusqu'à l'époque homérique,

c'est-à-dire jusqu'à la période comprise entre le xᵉ et
le viiᵉ siècle avant Jésus-Christ, pour sortir un peu
de toutes ces obscurités.

Si l'on veut savoir comment les hommes travaillaient en ce temps-là, il importe d'examiner au préalable de quelle manière la famille était constituée. La
famille hellénique avait, à l'origine, un caractère
patriarcal. Elle ressemblait à ces communautés
domestiques qu'on aperçoit encore en Orient, et qui
groupent sous le même toit plusieurs dizaines de
personnes, toutes parentes entre elles. Voici, par
exemple, sous quel aspect nous apparaît, dans l'*Iliade*,
le palais de Priam : « Il y avait cinquante appartements construits côte à côte, en pierres polies ; là
reposaient auprès de leurs épouses les fils de Priam.
En face, dans la cour des femmes, s'élevaient douze
appartements où reposaient auprès de leurs chastes
épouses les gendres du roi ». De même, dans l'*Odyssée*,
nous voyons à Pylos, autour de Nestor, six fils
mariés, plusieurs brus, plusieurs filles et une foule
de petits enfants. L'entourage du roi Alkinoos, dans
l'île de Schéria, est plus restreint ; pourtant on y
compte deux fils mariés, trois fils garçons, et une
fille.

La famille patriarcale est un organisme qui se suffit
à lui-même et qui est pourvu de toutes les ressources
nécessaires à la vie. Elle possède une maison qui
l'abrite tout entière, un domaine étendu qui demeure
en général dans l'indivision, des serviteurs libres ou

non qui l'aident dans ses travaux; et, comme tous ses membres sont également intéressés à sa prospérité, tous participent à la besogne collective dans la mesure de leurs forces et de leur capacité. Unis entre eux par un lien d'étroite solidarité, ils se doivent les uns aux autres, et les obligations de chacun sont les mêmes, parce que les droits sont pareils. Parmi eux, il n'y a point place pour l'homme oisif. L'inaction volontaire serait un vol fait à la communauté, et, si la tâche de tous n'est pas identique, tous du moins ont une tâche à remplir.

Homère ne décrit pas les institutions sociales de son temps avec la précision d'un savant; il les signale d'un trait, souvent par voie d'allusion; de là vient que ses indications sont parfois un peu vagues et un peu flottantes. J'ajoute que ses chants les plus récents paraissent coïncider avec le moment où la famille patriarcale était en train de se disloquer; de là encore des incohérences et même des contradictions entre les diverses parties de ses poèmes. Néanmoins, il nous en dit assez pour répondre à notre curiosité, et on peut deviner d'après lui le régime de travail qu'il avait sous les yeux.

Le travail, dans cette société, était fort estimé. La question ne se posait même pas de savoir s'il était honorable ou non; la chose allait de soi. Les plus hauts personnages faisaient œuvre de leurs mains et s'en vantaient. « S'il y avait entre nous, dit Ulysse à Eurymachos, une lutte d'ouvrage, au printemps, quand les jours sont longs, j'aurais ma faucille, toi la tienne, et nous faucherions, sans manger, jusqu'à la nuit. Si nous avions à conduire des bœufs, noirs, grands, rassasiés d'herbe, de même âge, de même force, pour labourer un champ de quatre arpents, tu verrais comme je trace droit un sillon. » Le roi d'Ithaque n'était pas seulement un vaillant agriculteur, c'était aussi un habile artisan, capable de construire une maison, et de fabriquer soit un radeau, soit un lit orné d'or, d'argent et d'ivoire, et tendu de sangles de cuir rouge. Pâris avait bâti sa propre demeure avec le concours de quelques ouvriers, et il avait l'habitude de fourbir lui-même ses armes. Lycaon, un autre fils de Priam, fut capturé par l'ennemi, tandis qu'il coupait des branches de figuier pour son char de guerre. Des princes royaux ne rougissaient pas de garder les troupeaux dans la montagne, et les enfants du riche Ægyptios « avaient toujours de la besogne dans les champs paternels ».

Les femmes n'étaient pas moins actives que les hommes. La maîtresse de la maison ne se contentait pas de commander ses serviteurs; elle filait la laine, tissait la toile et brodait les étoffes comme une ouvrière. Homère parle des réservoirs où les épouses et les filles des Troyens « lavaient leurs riches vêtements ». Nausicaa, bien qu'elle fût de sang royal, avait dans ses attributions le blanchissage du linge de la famille. Les filles du roi d'Éleusis allaient puiser de l'eau à la fontaine. Hippodamia, la fille d'Anchise, excellait parmi les vierges de son âge pour sa beauté et pour son adresse. Hector et Télémaque ne croyaient pas faire injure à Andromaque et à Pénélope en les renvoyant à leur toile et à leurs quenouilles ; c'était là leur occupation favorite.

Ces mœurs laborieuses sont bien celles qui caractérisent partout le régime patriarcal. Chacun y envisage le travail comme une nécessité qu'il faut subir et dont nul ne se plaint. C'est avec une sorte d'entrain joyeux qu'on se plie à cette obligation, et il n'en coûte rien à un individu, quel qu'il soit, d'accomplir la tâche qui lui est dévolue. Si parmi les membres de la famille il en est un qui répugne au travail, il n'a qu'à s'éloigner. On est si peu porté alors à mépriser le travail que le poète y assujettit même les dieux. La nymphe Calypso « fait courir une navette d'or sur son métier ». Circé « chante d'une voix mélodieuse en tissant une grande toile, belle comme les ouvrages des déesses ». Héphaïstos est un forgeron très industrieux, que Thétis aperçoit « tout couvert de sueur et tournant autour de ses soufflets ». Le magnifique péplos dont se pare Athéna est l'œuvre de ses mains. Apollon avait édifié jadis les remparts de Troie, tandis que Poséidon menait paître dans les forêts de l'Ida le bétail du roi Laomédon. La seule différence qu'il y eût à cet égard entre les hommes et les dieux, c'est que ceux-ci savaient tous les métiers sans les avoir appris.

Malgré sa bonne volonté, la famille ne pouvait exécuter à elle seule toute sa besogne. Travail de la

mouture et de la boulangerie, cuisine, tissage des
étoffes, confection des vêtements, culture des terres,
élevage des troupeaux, entretien des bâtiments,
fabrication des meubles et des instruments aratoires,
tous ces soins exigeaient un personnel nombreux.
Dans la suite, le progrès de la division du travail, en
multipliant les professions, eut pour effet d'alléger
sensiblement la tâche familiale. On jugea alors plus
commode de s'adresser aux ouvriers du dehors et
d'acheter aux marchands les objets dont on avait
besoin. A l'origine, l'usage était, au contraire, de
recourir le plus rarement possible aux étrangers et de
faire tout chez soi. Si la famille ne comptait pas assez
de bras, on se procurait des esclaves.

Homère signale peu d'esclaves qui soient nés dans
la maison de leur maître. Presque tous sont des pri-
sonniers de guerre ou des individus volés par les
pirates. Ce malheur atteignait souvent des personnes
d'un rang élevé. Eumée, le porcher d'Ulysse, était fils
d'un roi, et l'esclave infidèle qui l'avait livré tout
enfant à des navigateurs taphiens avait elle-même
pour père un riche Sidonien. Plusieurs fils de Priam
furent réduits en servitude parce qu'ils étaient tombés
aux mains de l'ennemi. Hector craint que, si Troie
succombe, sa femme Andromaque ne soit emmenée
comme esclave à Argos ou en Thessalie, et de fait,
quand la ville eut été prise, une foule de Troyennes
furent distribuées entre les vainqueurs. Dans ces
temps d'insécurité, nul n'était à l'abri d'un tel danger,

et l'on devine aisément tout ce qu'avait de pénible
pour ceux qui la subissaient une pareille déchéance.
Si amère qu'elle fût, elle leur assurait pourtant un
précieux avantage. Il n'était pas bon de vivre isolé au
milieu d'une société exposée à tant de violences. Pour
avoir quelque tranquillité, il fallait se rattacher à un
groupe qui fût en état de protéger tous les siens, et,
lorsqu'on n'avait plus de famille, le mieux qu'on pût
espérer, c'était d'être admis dans une autre. Or, l'esclavage était un moyen, bien imparfait sans doute, de
se créer une famille nouvelle.

L'esclave était membre de la famille où il entrait;
il était, comme on disait, « l'homme de la maison »,
et pourvu que sa situation y fût tolérable, il s'en
accommodait assez vite, parce qu'il y trouvait une
garantie contre les incertitudes de l'existence. Homère
a peut-être embelli un peu les choses, et il est probable qu'autour de lui, il y avait de mauvais esclaves
et de mauvais maîtres. Mais ce qui paraît avoir
dominé, c'est d'une part, le respect, le dévouement,
l'affection; de l'autre, la bienveillance et la douceur.
Par suite de la communauté d'occupations qui rap-
prochait sans cesse le maître de ses gens, il s'établissait entre eux une sorte de familiarité qui tempérait
les rigueurs de la servitude. Le travail, loin de con-
tribuer à distinguer les personnes, comme il arriva
plus tard, était le lien qui les unissait. On ne voyait
pas dans chaque famille une poignée d'hommes libres
exploitant sans vergogne la force physique d'une

troupe de bêtes de somme qui n'auraient eu rien d'humain que le nom, mais plutôt une collection d'individus qui, malgré la différence des conditions, se ressemblaient tout au moins en ceci qu'ils étaient journellement associés à la même tâche; ce qui les empêchait de se regarder mutuellement comme des étrangers.

Le service domestique était en général réservé aux femmes. Les hommes y prenaient part également, mais d'une façon plus discrète. Homère, en tout cas, mentionne beaucoup moins souvent leur présence. La plupart font office de cochers et de palefreniers; quelques-uns apportent les plats, découpent les viandes, versent à boire, et les fonctions sont si peu spécialisées qu'on appelle volontiers de la campagne un porcher, un bouvier, un pâtre pour aider les serviteurs. Les femmes sont plus nombreuses. Ulysse, qui pourtant n'était pas un prince très opulent, en avait cinquante chez lui, et il en était de même d'Alkinoos. Ce chiffre si élevé tient d'abord à l'extrême diversité du travail intérieur qui, on l'a vu, avait une tout autre extension qu'aujourd'hui. Il s'explique aussi par un certain gaspillage de main-d'œuvre. Ainsi, dans le palais de Ménélas, quand Hélène paraît, Adrastè avance pour elle un siège, Alkippè place sous ses pieds un tapis de laine, et Phylo lui présente une corbeille en argent. Tout ce monde était dirigé par la maîtresse du logis, assistée d'une intendante, qui était d'ordinaire une vieille esclave, parfois une ancienne nourrice. Celle-ci n'était pas une simple surveillante; elle travaillait comme les autres, et elle avait de plus la garde des provisions et la charge de dresser les novices. Chaque servante avait sa tâche particulière, sans y être absolument confinée, et il n'était pas rare qu'une brodeuse, par exemple, quittât momentanément son métier pour vaquer aux soins du ménage. Vivant en contact perpétuel avec leur maîtresse, dont elles partageaient les travaux, les joies et les peines, ces femmes étaient habituellement dociles et soumises. Elles ne devenaient insubordonnées que lorsque l'absence prolongée du maître livrait la maison à l'anarchie. Pénélope, restée seule à Ithaque avec un fils trop jeune, n'était pas toujours obéie, et plusieurs de ses servantes se laissèrent entraîner à tous les excès par les prétendants.

Les travaux des champs étaient faits presque entièment par des esclaves mâles. A l'époque homérique, les terrains cultivés étaient encore peu étendus, tandis que les pâturages couvraient de grands espaces. On se nourrissait principalement de viande, et la richesse se mesurait à la quantité de têtes de bétail que l'on possédait. Chacun avait le droit d'envoyer ses troupeaux sur les pacages publics. Toutefois, dans l'*Odyssée*, on voit déjà se manifester un effort d'appropriation de ces terres auparavant indivises; tel est le cas d'Ulysse, dont les porcs sont installés loin de la ville, dans des étables en pierres entourées d'une palissade en bois de chêne. L'élevage des bestiaux réclamait peu de bras, et on les demandait à la classe servile; pour un millier de porcs, quatre hommes suffisaient largement. D'autres étaient affectés à la culture des vergers, des vignes et des champs de céréales.

En lisant l'*Odyssée*, on est tenté de croire que tous ces hommes jouissaient d'une indépendance complète. Le porcher Eumée agit à sa fantaisie; il tue et mange autant d'animaux qu'il lui convient; il construit des étables sans consulter personne; il a même pu acheter un esclave à ses frais. Mais sa situation est tout à fait exceptionnelle. Il n'est libre de ses mouvements que parce qu'Ulysse, son maître, n'est plus là pour le commander et que Télémaque n'est pas encore en état de remplacer son père. Les choses devaient se passer autrement chez Laërte. Ce dernier nous offre l'image du propriétaire qui réside à la campagne. Son existence est simple et frugale; il prend ses repas avec ses esclaves; il surveille leur travail, et il travaille lui-même comme il lui plaît. Une des scènes figurées sur le bouclier d'Achille nous montre le maître regardant en silence les moissonneurs qui fauchent les épis et lient les gerbes. C'est à cela sans doute que se réduisait le plus communément le rôle du chef, tandis qu'autour de lui, les membres de la famille et les esclaves exécutaient ses ordres.

A côté des esclaves, il y avait place, dans l'économie rurale, pour des ouvriers libres. Le monde hellénique était alors sillonné par une multitude d'aventuriers, que les circonstances avaient arrachés à leurs foyers et jetés à tous les vents. C'étaient des meurtriers qui fuyaient la colère des parents de leurs victimes, des individus bannis ou sortis volontairement de leur famille, des esclaves marrons, ou même des hommes à l'humeur capricieuse que gênaient les cadres sociaux. Quand ces déracinés et ces déclassés étaient à bout d'expédients, ils se mettaient en quête d'ouvrage et s'efforçaient d'entrer au service d'autrui. L'engagement avait une durée variable, mais il était toujours temporaire. L'homme louait ses bras en échange du logement, de la nourriture et de quelque vêtement. Pour se faire embaucher, le moment le plus favorable était le temps de la moisson et des des vendanges, quand la besogne pressait, et ce sont en effet des mercenaires qui coupent le blé dans la scène représentée sur les armes d'Achille.

Les *thètes*, comme on les appelait, avaient sur les esclaves l'avantage d'être libres; mais, en réalité, ils étaient beaucoup plus malheureux, parce qu'ils n'étaient jamais sûrs du lendemain. Ils avaient beau se contenter de peu, ils ne trouvaient pas toujours à se placer, et, quand ils y parvenaient, ce n'était là généralement qu'un court répit à leur détresse. « Rien n'est pire pour les hommes que les courses vagabondes, s'écrie un personnage d'Homère; le fatal estomac leur cause de cruels soucis, quand ils sont errants, en proie à la misère et à la souffrance. »

Voilà pourquoi l'esclave préférait la servitude à une liberté aussi périlleuse. Qu'aurait-il fait de lui-même, s'il avait quitté son maître sans ressources propres ? Il ne comprenait l'affranchissement que s'il était accompagné d'une concession de terres qui lui donnât de quoi subsister.

Bien que la famille fût organisée de manière à produire la plupart des objets indispensables, il y avait, dans les siècles homériques, une classe d'artisans libres, et le poète, loin d'avoir pour eux du mépris, croit qu'ils sont souvent inspirés par les dieux.

Parmi eux, plusieurs étaient peut-être nomades et allaient de ville en ville ; mais la plupart étaient fixés dans le lieu où ils travaillaient. Il ne semble pas que les métiers fussent très nombreux ; c'est tout au plus si l'on en cite cinq ou six qui soient bien distincts. Mais il faut noter d'abord que le régime patriarcal était un obstacle au développement de l'industrie libre, et, en outre, que la division du travail était dans l'enfance. Les professions avaient des limites très indécises et étaient déterminées moins par la nature du travail que par la nature de la matière qu'on traitait. Elles se transmettaient fréquemment de père en fils, sans que ce fût pourtant une règle obligatoire. Rien ne prouve qu'il y ait eu en Grèce, comme le suppose Grote, quelque chose de comparable à ce qu'on remarqué dans l'Inde, où chaque village a son forgeron, son charpentier, son potier, surtout si l'on ajoute que ceux-ci sont payés par la communauté. Quiconque avait un métier avait la faculté de l'exercer à ses risques et périls. On ne songeait même pas à écarter la concurrence des étrangers, et ce n'était pas uniquement comme esclaves domestiques, c'était aussi comme ouvriers libres qu'on les accueillait. Enfin, on voit poindre déjà dans le domaine industriel le travail féminin; témoin cette Carienne habile à fabriquer des ivoires polychromes, « qu'un roi seul serait capable d'acheter ». L'artisan ne restait pas constamment dans sa boutique; il se transportait volontiers à domicile, et c'était assez l'usage que son client lui fournît la matière brute, si elle avait du prix.

On ne saisit pas la moindre trace d'un atelier qui aurait groupé sous l'autorité d'un patron soit des esclaves, soit des hommes libres. Dans un passage de l'*Iliade*, il est question d'un individu qui commande à d'autres de tendre une peau de taureau, et le terme employé atteste que ce ne sont pas des esclaves. Avons-nous là un chef d'industrie? C'est possible, mais ce n'est pas certain. Les textes donnent plutôt l'impression que l'artisan travaillait directement pour le public, et que, sauf le cas où une équipe d'ouvriers était nécessaire, il demeurait isolé, n'associant à son labeur que sa famille. C'était là le système qui convenait le mieux à un pays de très petite industrie, où l'on ne se préoccupait que de répondre aux besoins de la consommation locale.

II

Le régime aristocratique. — L'esclavage. — Le servage. — Le colonat. — La propriété foncière. — Progrès du commerce et de l'industrie. — La démocratie et le travail.

Le régime en vigueur dans les temps homériques était la monarchie; quelques générations plus tard, ce fut l'aristocratie. Je n'ai pas à raconter la révolution qui substitua l'une à l'autre; je me contenterai d'indiquer les conséquences qu'elle entraîna dans l'ordre économique.

Il y avait alors deux classes très inégales entre elles, les nobles et les roturiers. La première avait pour elle de grands privilèges, le prestige de la naissance, l'autorité politique et religieuse, la richesse, la cohésion qu'engendre l'esprit de corps. La seconde, pauvre, modeste et peu nombreuse, ne possédait presque rien et vivait péniblement du travail de ses mains; elle était à la merci des riches, de qui elle tirait tous ses moyens de subsistance, et elle n'avait plus à compter sur la royauté, qui jadis lui avait parfois prêté son appui.

La fonction essentielle de l'aristocratie était le gouvernement et la guerre. Elle exerçait le pouvoir sans le partager avec personne, et elle défendait le territoire avec le concours du reste de la population. Elle se devait tout entière à l'État; ses obligations civiles et militaires primaient tous ses devoirs, et par suite

ses membres étaient perpétuellement exposés à être
requis pour quelque service public. Il fallait donc
qu'elle fût affranchie de tous les soucis de l'existence,
pour être toujours en mesure de répondre à l'appel de
la cité.

L'esclavage lui offrait à cet égard une ressource
qu'elle avait déjà utilisée. Depuis longtemps elle
avait coutume d'employer des esclaves sur ses terres ;
elle en employa encore davantage, quand elle se fut
peu à peu détournée de la culture. Auparavant, elle
ne demandait à cette classe que des auxiliaires ; désormais elle leur abandonna presque toute la besogne.
C'est alors que le commerce des esclaves commença
à s'organiser ; l'importation de ces travailleurs se fit
d'une façon chaque jour plus régulière ; des marchés
d'hommes s'ouvrirent un peu partout, et les propriétaires purent aisément se procurer tout le personnel
dont ils avaient besoin. Les bras manquaient si peu
qu'on en arriva à transformer le mode d'exploitation
du sol ; on défricha les forêts et les terrains vagues ;
on sema le blé et on planta la vigne là où il n'y avait
eu jusque-là que des pâturages et des broussailles,
et il n'est pas douteux que ce grand changement fut
pour une large part exécuté par la main-d'œuvre
servile.

On vit, en outre, apparaître une institution nouvelle dont on croit apercevoir le germe dans les
poèmes d'Homère, mais qui ne reçut toute son extension qu'après lui ; je veux parler du servage. On a

beaucoup discuté pour savoir comment il naquit et comment il se propagea[1]. Je n'ai pas à entrer dans cette controverse. J'observe seulement qu'il n'y eut de serfs que là où il y eut une puissante aristocratie ; ils semblent avoir été créés par elle et pour elle. On les rencontre en Laconie, en Messénie, en Argolide, à Sicyone, en Crète, en Thessalie, ailleurs encore, sous des noms et avec des caractères divers.

Voici les traits qui leur sont communs à tous. La condition du serf était intermédiaire entre la liberté et l'esclavage. C'était un homme du pays, que son maître ne pouvait vendre à l'étranger, et qui en revanche ne pouvait quitter le domaine où il était fixé. Il avait une famille, et, s'il n'était pas apte à posséder le sol, il était capable d'avoir des biens mobiliers, même du bétail. La loi protégeait sa personne, sauf peut-être à Sparte, où les hilotes étaient traités durement, parce qu'on avait une peur extraordinaire de leur esprit d'insubordination. Installé héréditairement sur une terre qui n'était pas à lui, il était astreint au paiement d'une redevance immuable. C'était, non pas une part proportionnelle de la récolte, mais une quantité invariable de blé, de vin et d'huile[2]. Il résulte de là que, si l'immeuble deve-

1. On prétend d'ordinaire que les serfs furent partout une population asservie par la conquête. J'ai essayé d'expliquer autrement l'origine de cette classe d'hommes (*Propriété en Grèce*, p. 74 77, 122-126).

2. Plutarque, *Lycurgue*, 8 ; *Institutions lacédémoniennes*, 41.

naît plus productif, le serf seul en bénéficiait. Aussi n'était-il pas rare que les hilotes de Laconie eussent des économies; vers le milieu du IIIe siècle avant Jésus-Christ, six mille furent en état de verser sur l'heure le prix de leur affranchissement[1]. Partout où il fut établi, le servage fit des loisirs au citoyen. Le labeur des serfs lui fournissait au moins le nécessaire, et des précautions avaient été imaginées pour que la terre ne lui échappât jamais. Ainsi abrité contre le besoin, il n'avait pas à redouter les suites de l'oisiveté, et il n'y avait aucun inconvénient à lui interdire, comme à Sparte, tout travail.

En Attique, on eut recours à un procédé différent. Dans ce pays, le sol, au VIIe siècle, était entièrement accaparé par les riches, qui en confiaient l'exploitation à la classe des *pélates*. Ceux-ci n'étaient pas des esclaves, ni même des serfs, mais des hommes libres qui cultivaient la terre d'autrui en vertu d'un contrat volontairement souscrit. Ils remettaient au maître les cinq sixièmes des fruits et n'en gardaient pour eux que le sixième[2]. On a quelque peine à croire que la part du colon fût si faible; mais, outre que le témoignage d'Aristote est formel sur ce point, nous savons qu'aujourd'hui encore un tarif analogue est usuel chez les Arabes d'Algérie. La condition de ces tenanciers était évidemment très précaire. Quand la récolte était mauvaise, il leur était impossible de payer leur

1. Plutarque, *Cléomène*, 23.
2. Aristote, *Gouvernement des Athéniens*, 2.

rente; ils se voyaient même forcés plus d'une fois de solliciter des avances, et, au moment de l'échéance, ils ne pouvaient pas toujours acquitter leur dette. En ce cas, le créancier avait le droit d'emmener son débiteur dans sa maison et de le condamner à travailler pour son compte jusqu'au remboursement intégral, à moins qu'il ne préférât le vendre à l'étranger comme esclave. Les poésies de Solon attestent que ce n'était point là une vaine menace. Le peuple n'apercevait qu'un remède à ces maux, c'était le partage des terres. Le législateur n'alla pas si loin : il se borna à liquider le passé par l'abolition totale des créances, et, pour l'avenir, il défendit aux prêteurs de prendre leurs sûretés sur la personne des débiteurs. L'Attique est la seule contrée de la Grèce où l'on remarque cette sorte de tenure; mais il serait bien étrange qu'elle l'eût seule connue, et il est probable que, vers le même temps, d'autres cités la pratiquaient également.

Esclavage, servage, colonat, voilà trois moyens que les riches avaient à leur disposition pour se soustraire au travail des champs, sans nuire à leurs intérêts. Même s'ils demeuraient les bras croisés, ils étaient assurés par là que leurs terres ne resteraient pas improductives et qu'ils en retireraient de toute façon un revenu normal. Un préjugé de défaveur s'attacha à la culture, du moment qu'elle fut surtout livrée à des mains serviles ou mercenaires, et l'on s'accoutuma insensiblement à s'en décharger sur les classes inférieures. On préféra se consacrer aux occupations plus relevées de la guerre et de la politique, et ce fut un signe de noblesse que de ne rien faire. Quand les philosophes des siècles postérieurs insistèrent avec tant d'énergie sur les avantages de l'oisiveté, ils furent l'écho d'une opinion très ancienne. Ils essayèrent de la fortifier par des raisons morales; ils prétendirent que le loisir était indispensable à l'homme pour perfectionner sa nature et s'exercer à la vertu; mais le germe de leurs doctrines, sinon de leurs arguments, remonte à l'époque aristocratique.

Un poète qui paraît avoir écrit au viii⁽ᵉ⁾ ou au vii⁽ᵉ⁾ siècle avant notre ère, Hésiode, nous renseigne sur les sentiments des petits propriétaires de Béotie. Il s'en trouvait dans le nombre qui avaient peu de goût pour le travail, comme son frère Persés, qui aimait mieux flâner au soleil ou dans les forges, s'endetter, faire des procès, mendier même, que de se donner du mal. Quant à lui, il avait un caractère tout opposé. C'était un paysan âpre au gain, ardent à la besogne, parcimonieux et égoïste. Nul n'a condamné la nonchalance avec plus de force que lui. « L'homme oisif, dit-il, est également en horreur aux dieux et aux hommes; c'est cet insecte sans aiguillon, ce frelon avide, qui s'engraisse en repos du labeur des abeilles. » Il ne considère pas le travail comme une chose attrayante, mais comme une impérieuse nécessité. Si les dieux ne nous avaient pas caché « les ressources de la vie », on pourrait « amasser en un jour de quoi se nourrir une année entière », et laisser à l'étable ses bœufs et ses mulets. Mais la divinité en a décidé autrement. Elle a voulu que la faim fût « la compagne inséparable de la fainéantise », et c'est pour l'éviter que nous sommes condamnés à peiner sans cesse. Aux yeux d'Hésiode, le travail n'est pas seulement une sauvegarde contre la misère, c'est aussi un moyen d'acquérir l'indépendance et la sécurité. Il vivait sous un régime fort oppressif, où rien ne protégeait la classe inférieure contre les iniquités des grands. Il comptait médiocrement sur la crainte des vengeances célestes pour leur inspirer le respect de la justice; il avait plus de confiance dans les garanties que procure la richesse. C'est par elle qu'il espérait améliorer sa condition matérielle et sa condition sociale. Nous sommes ici en présence non pas d'un individu qui courbe patiemment la tête sous un joug trop lourd à secouer, mais d'un esprit libre que la souffrance excite à l'action, qui veut s'élever par lui-même, et qui attend tout de son travail.

Si ces tendances étaient alors communes en Grèce, on conçoit que les roturiers aient été à l'affût des occasions de s'enrichir. Or l'agriculture ne leur en fournissait guère le moyen. La propriété foncière, en effet, leur était à peu près inaccessible. Un lien presque indissoluble unissait la terre à la famille qui la possédait. Elle était censée appartenir à la série des générations qui se succédaient, et le chef n'en avait que l'administration. Passant obligatoirement du père aux enfants mâles, indivisible et inaliénable, elle formait corps avec le groupe qui l'avait primitivement reçue, et les procédés qui contribuèrent dans la suite à la rendre plus mobile, la donation, le testament, la vente, étaient encore ignorés. Les particuliers avaient d'ailleurs intérêt à ce qu'elle ne sortît pas de leurs mains en un temps où toute fortune venait directement du sol, et l'aristocratie veillait au maintien de la vieille coutume, parce que son appauvrissement aurait préparé sa décadence. Il est donc certain que, sauf de rares exceptions, la propriété de la terre était fermée aux roturiers, et ce n'était pas par le colonat, par le métayage ou par le salariat agricole qu'ils avaient chance de faire fortune.

Heureusement, l'industrie et le commerce y suppléèrent. C'est, à ce qu'il semble, vers le VIIIe siècle avant Jésus-Christ que ces modes d'activité commencèrent à prendre quelque développement. Une des causes qui les favorisèrent, ce fut la disparition de la famille patriarcale. Sous l'influence de l'esprit individualiste, les diverses branches qui la composaient tendirent de plus en plus à s'isoler. Chaque ménage voulut avoir son foyer. Les enfants mariés, au lieu de vivre « à la même table », ou, comme on disait jadis chez nous, « au même pot », se séparèrent les uns des autres et s'établirent à part. L'ancienne famille, si nombreuse et si complexe, fut remplacée par une famille plus restreinte, incapable de suffire aux occupations multiples d'autrefois. L'industrie domestique ne cessa pas absolument, du moins chez les riches, et l'on vit toujours des maisons où le travail du tissage et de la couture resta aux mains des esclaves. Mais, par cela seul que le groupe familial s'était rétréci, il dut s'alléger d'une bonne partie de sa tâche primitive. Dès lors se constituèrent en dehors de lui une multitude de métiers indépendants, si bien qu'on finit par aboutir à l'état de choses que Xénophon décrit en ces termes : « Dans les petites villes, ce sont les mêmes individus qui font les lits, les portes, les charrues, les tables, et souvent les habitations, trop heureux quand ils ont assez de clients pour les employer. Au contraire, dans les grandes villes, où une foule de gens ont les mêmes besoins, on peut vivre d'une profession unique. Quelquefois même on n'en exerce qu'une partie : l'un fait des chaussures d'hommes, l'autre des chaussures de femmes ; l'un coud les souliers, l'autre coupe le cuir ; l'un taille lès tuniques, l'autre en ajuste les différentes pièces [1] ».

D'autres causes aidèrent encore au progrès de l'industrie : la décadence des Phéniciens, qui avaient longtemps accaparé tous les marchés de la Méditerranée orientale et empêché toute concurrence ; la nécessité pour certaines cités de compenser l'infériorité d'un territoire trop étroit ou trop stérile ; le désir chez quelques-unes d'utiliser les avantages que leur offrait soit leur situation maritime, soit la proximité

---

1. *Cyropédie*, VII, 2, 5.

d'un gisement minier ou d'une carrière; l'amour croissant du bien-être et même du luxe; et, par-dessus tout, les qualités innées du peuple grec, si ingénieux, si éveillé, si prompt à s'assimiler, en les perfectionnant, les procédés de ses voisins.

Il y eut des cas où l'aristocratie elle-même prit l'initiative de ce mouvement d'expansion industrielle et commerciale; tel fut notamment son rôle à Corinthe. Mais, en général, elle refusa de s'y associer, par routine, par mépris du travail, par inintelligence de l'évolution qui s'accomplissait, et elle laissa le champ libre à la basse classe. Les roturiers, étant à peu près exclus de la possession du sol, profitèrent de l'abstention des nobles pour s'emparer d'un domaine qu'on ne leur disputait pas; ils se jetèrent avec empressement dans la voie qui leur était ouverte, et ils y rencontrèrent à leur tour la richesse. Il s'ensuivit une transformation radicale de la Grèce : transformation économique, puisqu'il se créa, par l'industrie, par le trafic, par la navigation, une source nouvelle de fortunes; transformation sociale, puisqu'il sortit de là une espèce de bourgeoisie urbaine qui vint s'interposer entre la classe des nobles et la classe des paysans, qui seules existaient jusqu'alors, séparées l'une de l'autre par un abîme; transformation politique, puisque les roturiers se sentirent bientôt assez forts pour arracher le pouvoir à l'oligarchie, d'abord au profit de la tyrannie, puis au profit de la démocratie. Jamais il ne s'est produit dans le monde hellénique de changement comparable à celui-là, et il fut provoqué par l'apparition ou plutôt par le développement d'une forme de travail que la Grèce n'avait connue auparavant qu'à l'état rudimentaire.

Les régimes qui succédèrent à l'oligarchie eurent soin presque partout d'encourager l'essor dont je parle. On ne songea pas à défendre la production nationale par des tarifs de douane; les droits perçus à la frontière étaient des taxes fiscales, d'un taux toujours très modéré (2 p. 100 en moyenne), et non des mesures prohibitives ou protectionnistes. On ne songea pas davantage à écarter les ouvriers étrangers; on allait jusqu'à les attirer par la promesse d'un bon salaire, quand la main-d'œuvre indigène était rare ou inexpérimentée. Dans quelques pays, on punissait comme un délit l'oisiveté du pauvre. Solon voulait que le père de famille, quand il n'avait pas de ressources, enseignât un métier à son fils. L'État ordonnait souvent de grands travaux publics, autant pour procurer de l'ouvrage aux artisans que pour embellir la cité, et Périclès se vantait d'avoir ainsi « répandu l'aisance parmi toutes les conditions ». A Sybaris, il y avait des espèces de brevets d'invention, du moins pour les cuisiniers qui imaginaient un plat nouveau, et on accordait des exemptions d'impôt à quiconque « importait de la pourpre ou teignait les étoffes en rouge ». Nous possédons des traités de commerce qui concèdent aux habitants d'une ville le droit d'exporter en franchise les produits naturels d'un pays lointain. Parfois ce privilège, au lieu d'être conféré à tous les citoyens indistinctement, était réservé à quelques particuliers. Aristote dit qu'un homme d'État avisé ne doit négliger aucune occasion de conclure des arrangements diplomatiques de cette nature. Toute la politique extérieure d'Athènes fut dominée par le souci de chercher au dehors des matières premières et de s'y ménager des débouchés. Les colonies qu'elle fonda, les acquisitions territoriales qu'elle fit, l'empire maritime qu'elle créa au ve siècle avant Jésus-Christ et qu'elle essaya de restaurer au ive, tout cela avait pour but de servir les intérêts de l'industrie et de la classe industrielle, et un contemporain remarque que la prépondérance du peuple athénien en Grèce « le mettait en situation de s'enrichir plus que tous les autres ».

Les représentants des vieilles idées avaient beau s'obstiner dans leur dédain traditionnel pour cette sorte de travail et même pour tout travail; les philosophes avaient beau alléguer que le citoyen, pour être vraiment à la hauteur de ses obligations, doit être comme à Sparte, un homme de loisir, et que, s'il ne peut pas vivre entièrement du travail d'autrui, il doit tout au moins s'interdire les professions manuelles, qui ont le double inconvénient de dégrader le corps et l'âme; cette opinion était en désaccord avec le sentiment public et la législation des démocraties. A Athènes, par exemple, la loi reconnaissait au travailleur le plus humble les mêmes prérogatives politiques qu'au reste des citoyens. Nul n'y rougissait de son métier, à moins qu'il ne fût notoirement sordide ou immoral, et ce n'était pas une humiliation pour Cléon d'être tanneur, ni pour Démosthène d'être le fils d'un armurier. Un potier qui offrait un ex-voto à une divinité ne craignait pas de prendre cette qualification dans sa dédicace. Sur les bas-reliefs funéraires, la profession du défunt était fréquemment indiquée, alors même qu'il avait l'attitude et le costume d'un personnage idéalisé. Reprocher à une femme de vendre des rubans sur la place, c'était risquer un procès en diffamation. De grands esprits comme Périclès et Thucydide estimaient que la honte consistait non pas à être pauvre, mais à l'être par fainéantise, et ils se félicitaient de ce que chez eux la pratique des devoirs civiques se conciliait sans peine avec la pratique d'un métier[1].

Ainsi la démocratie introduisit parmi les Grecs une manière nouvelle d'envisager le travail. Son action s'exerça à cet égard dans un sens tout autre que celle de l'aristocratie. Ce que l'aristocratie avait rabaissé et méprisé, elle le rehaussa et l'ennoblit. La première s'était contentée de jouir de sa richesse en laissant à ses subordonnés le soin de la créer ; la seconde créa la sienne en appliquant son activité personnelle à des procédés jusque-là peu usités. Si le régime oligarchique avait duré, la Grèce serait demeurée une

1. Thucydide, II, 40.

contrée pauvre, repliée sur elle-même, et réduite aux ressources d'une agriculture qui n'était pas toujours bien rémunératrice. C'est la démocratie qui, en l'orientant vers l'industrie, vers le commerce et vers la mer, fut la cause première de sa prospérité; c'est elle qui lui montra sa véritable destinée; c'est elle enfin qui lui ouvrit le domaine où les qualités de cette race devaient trouver leur plus utile emploi.

III

Sources de la richesse. — Les propriétaires ruraux. — Les artisans. — Les patrons. — La main-d'œuvre. — Causes qui diminuent le goût du travail.

L'égalité civile et politique n'entraîne pas nécessairement l'égalité sociale. En Grèce, même au moment où la démocratie était dans toute sa force, il y avait des classes déterminées, sinon par la naissance, du moins par la fortune. Riches, gens aisés, pauvres, indigents, ce fut là une division des citoyens qui survécut à toutes les réformes, sans être toujours inscrite dans la loi. Or il est clair que ces diverses catégories d'individus n'entendaient pas le travail de la même façon. Ce sont ces divergences que je voudrais noter, en prenant pour type la république athénienne au ve et au ive siècle.

La propriété foncière avait depuis longtemps perdu son caractère originel. Les règles qui jadis la rattachaient solidement à un petit nombre de familles avaient à peu près disparu, et les biens circulaient de main en main. La donation, le testament, l'hypothèque, la vente, en mettant le sol à la portée de tous, l'avaient morcelé au point que, vers l'année 400 avant Jésus-Christ, 15 000 citoyens sur 20 000 possédaient un immeuble rural en Attique. L'acquisition de la terre restait pourtant interdite à deux sortes de gens, en dehors des esclaves. Les étrangers, même ceux qui avaient élu domicile dans le pays, et les affranchis, qui leur étaient complètement assimilés, n'avaient point qualité pour devenir propriétaires fonciers, et si, par une faveur tout à fait exceptionnelle, l'État leur octroyait ce privilège, la loi limitait à 2 000 francs la valeur des maisons et à 12 000 la valeur des terres qu'ils pouvaient acheter. Dans le domaine industriel et commercial, il n'existait pas de ligne de démarcation semblable. Aucune barrière ne se dressait ici entre les citoyens et les étrangers. Les uns et les autres étaient libres de choisir la profession qu'ils voulaient, au gré de leur fantaisie ou de leurs intérêts, et c'est surtout de ce côté que se dirigeaient les étrangers, précisément parce que la possession du sol leur était fermée. Les affranchis avaient presque le monopole des opérations de banque. Mais beaucoup de citoyens étaient aussi « dans les affaires », comme chefs d'industrie, comme simples artisans, ou comme négociants.

L'économie rurale reposait sur le principe de l'exploitation directe. Le servage avait toujours été ignoré des Athéniens; le colonat avait été aboli d'assez bonne heure; quant au fermage, il n'était probablement usité que pour les biens de l'État, des temples et des associations; en tout cas, on ne rencontre jamais dans les textes un particulier qui donne ses champs en location. Chacun faisait valoir lui-même, mais par des procédés différents.

Il faut distinguer à ce propos les petits et les gros propriétaires. Les premiers possédaient parfois deux ou trois esclaves; mais ils cultivaient la terre de leurs mains, avec leur famille. Les comédies, qui sur ce point reproduisent fidèlement la réalité, en placent plusieurs sous nos yeux. Tel est ce Chrémylos qui se plaint de sa pauvreté dans le *Ploutos* d'Aristophane : il n'est pas seul de son espèce, puisque ses amis vivent et travaillent exactement comme lui. Dans *la Paix*, le chœur se compose d'agriculteurs qui visiblement sont autre chose que des journaliers. A la même classe appartient le personnage qui décrit ainsi son existence : « On réside à demeure sur son coin de terre, loin des tracas de l'agora. On a tout à soi un modeste attelage de bœufs; on entend le bêlement de son troupeau, et l'on se régale, à l'occasion, d'un poisson ou d'une grive ». Dans les orateurs attiques, on aperçoit des gens de condition pareille. Un client de Lysias, qui était tout au plus dans l'aisance, allait le matin à la campagne et rentrait le soir harassé de fatigue. Son ami Sostratos menait le même genre de vie. Un plaidoyer de Démosthène met en présence deux Athéniens qui sont en procès parce que les eaux de pluie se déversent de l'un chez l'autre et y font des dégâts. A la fin du IVe siècle, on constata que, sur 21 000 citoyens, 12 000 avaient un capital inférieur à 2 000 francs[1]. Nul doute que, parmi eux, il n'y eût une foule de petits exploitants.

Les gros propriétaires étaient rares, et leurs domaines ne dépassaient pas les dimensions de ce que nous appelons aujourd'hui la moyenne propriété. Ceux-ci ne pouvaient évidemment pas bêcher ni labourer le sol, même s'ils avaient le goût du travail; ils donnaient plutôt des ordres et en surveillaient l'exécution. Beaucoup ressemblaient à ce Strepsiade des *Nuées* « qui vivait heureux à la campagne, sans gêne et sans souci, riche en abeilles, en brebis, en olives », et qui se couchait la nuit avec une forte odeur « de lie de vin, de fromage et de laine »; ou encore à cet Ischomachos que Xénophon, dans son *Économique*, nous montre au milieu de son personnel, offrant à tous un modèle achevé de compétence et d'activité. Tous ces gens-là avaient à leur service des ouvriers libres et des esclaves. L'ouvrier libre se louait, tantôt à la journée, tantôt pour plusieurs semaines ou pour plusieurs mois; mais il paraît avoir été peu employé. La main-d'œuvre servile abondait en Attique, et habituellement elle n'était pas chère : 200 francs représentaient le prix normal d'un esclave rural.

1. Diodore, XVIII, 18.

Dans l'industrie, on constate le même dualisme que dans l'agriculture.

Il y avait à Athènes une multitude de petits artisans, exerçant à peu près tous les métiers. Socrate s'étonnait un jour qu'un jeune homme n'osât pas prendre la parole devant le peuple, et il lui disait qu'une réunion de cordonniers, de foulons, de maçons, de forgerons, de marchands, de brocanteurs n'était pourtant pas un auditoire si difficile[1]. A côté des citoyens, une place considérable était réservée aux étrangers, et on ne remarque pas que jamais l'État ait favorisé les premiers au détriment des seconds ; quand il ouvrait un chantier, il y admettait indifféremment les uns et les autres. Son unique préoccupation en pareil cas était de morceler le plus possible les adjudications et de les rendre abordables même aux tâcherons. Cette tendance se manifeste jusque dans l'exploitation des mines. L'aspect des galeries et des laveries encore visibles dans la région du Laurion prouve que les concessions étaient extrêmement divisées. On cite un individu qui acquit la sienne pour la somme dérisoire de 150 francs, et il n'est pas sûr que ce fût là un chiffre exceptionnel.

A en juger par les documents, l'artisan travaillait presque toujours pour l'État ou pour le public ; il était rare qu'il fût embauché par un patron. Sauf dans quelques industries, comme celle du bâtiment, il demeurait dans sa boutique, et là il était à la fois

1. Xénophon, *Mémorables*, III, 7, 6.

producteur et vendeur. Il trouvait des auxiliaires dans sa famille : d'abord son fils, qui très souvent se destinait à la même profession et qui par conséquent faisait son apprentissage auprès de lui ; puis sa femme qui partageait volontiers sa besogne, à l'exemple de cette Artémis qui dorait les armes fabriquées par son mari.. Rien n'empêchait d'ailleurs une femme d'avoir sa clientèle propre. Sans parler de celles qui se plaçaient comme nourrices, les textes nous signalent à Athènes des boulangères, des teinturières, des ouvrières en lainages, des marchandes de rubans, de couronnes, de pelotons de fil, des revendeuses.

Certains étaient patrons et se bornaient à diriger leur entreprise. Les ateliers n'étaient jamais bien vastes en Attique. Le plus grand que l'on connaisse est la fabrique de boucliers que Képhalos possédait au Pirée et qui groupait 120 ouvriers. Le père de Démosthène avait une fabrique de glaives avec 32 esclaves et une fabrique de meubles avec 20. L'atelier d'Apollodore devait avoir plus d'importance, puisqu'il donnait un revenu supérieur. Quelques concessions minières étaient assez étendues, notamment celle de Nicias avec ses 1 000 esclaves, celle d'Épicratès, qui procurait un bénéfice annuel de 600 000 francs, celles de Diphilos et de plusieurs autres. Mais, somme toute, on peut affirmer que la grosse industrie, au sens actuel du mot, a été ignorée des Grecs. Leurs agglomérations ouvrières n'étaient pas comparables aux nôtres. Ils ont eu des ateliers, ils n'ont pas eu de manufactures; premièrement, parce que, au lieu de nos puissantes machines, ils se sont contentés d'un outillage très simple, sans même avoir l'idée de demander leur force motrice à la nature, et secondement, parce que les fortunes individuelles étaient d'ordinaire assez médiocres et qu'il ne se formait guère d'associations de capitaux.

Les chefs d'industrie ne s'interdisaient pas l'emploi des ouvriers libres; mais il semble qu'ils leur préféraient en général les esclaves; du moins ce sont toujours des esclaves que nous voyons dans les ateliers mentionnés par les auteurs. Le patron n'était pas nécessairement le propriétaire de son personnel; souvent il n'en était que le locataire; quand il ne voulait pas affecter son argent à des achats d'hommes, il empruntait, moyennant une redevance, les bras dont il avait besoin. Le travail servile n'était peut-être pas moins coûteux que le travail libre. Mais le maître avait sur l'esclave une autorité beaucoup plus forte que sur tout autre ouvrier : il pouvait le priver de nourriture, l'enchaîner, le frapper; il pouvait aussi le stimuler par l'octroi ou la promesse de quelque faveur, surtout par la perspective de l'affranchissement. De là, sans doute, sa prédilection pour des travailleurs sur qui il avait tant de prise. Un individu soucieux de ses intérêts passait son temps dans son atelier, et l'on estimait déjà que rien ne vaut l'œil du maître. Les monuments figurés s'accordent avec les textes pour le certifier. Sur une peinture de vase, un patron, reconnaissable à son accoutrement et à son attitude, suit de près, dans une poterie, l'opération de la cuisson. Ailleurs, un homme assis dans une forge paraît intimer un ordre. Dans une cordonnerie, un individu fait un geste pareil à l'adresse d'un ouvrier qui va servir une cliente.

S'il y avait des propriétaires et des industriels actifs et laborieux, il y en avait, en revanche, qui négligeaient totalement leur besogne. Démosthène en désigne un qui détestait la campagne et qui aimait mieux ne rien faire à la ville. Strepsiade, après son mariage avec une femme noble, est obligé de quitter ses champs et de s'établir à Athènes, où son fils, paresseux et dépensier, est en train de le ruiner. Tel autre, peu satisfait du rendement de ses terres, renonçait à l'agriculture pour chercher quelque travail plus lucratif. Un grand nombre cédaient à l'attrait de la politique, et on sait combien elle était absorbante dans l'antiquité. J'imagine, par exemple, qu'un Périclès ou un Alcibiade n'avait guère le loisir de songer à ses propriétés. Parmi les personnages qui jouèrent un rôle dans l'histoire d'Athènes à la fin du Vᵉ siècle, plusieurs étaient chefs d'industrie; on n'a qu'à se rappeler les noms de Cléon le tanneur, d'Hyperbolos le fabricant de lampes, de Cléophon le fabricant de lyres, d'Anytos le corroyeur; pendant qu'ils étaient aux affaires, tous ces gens-là durent laisser de côté leurs professions. J'en dirai autant de ceux qui s'engagèrent dans les carrières libérales :

d'Isocrate, qui avait pour père un luthier et qui enseigna la rhétorique, de Lysias, de Démosthène, d'Apollodore, qui devinrent avocats, bien qu'ils eussent hérité d'un atelier d'armurier. Il pouvait enfin arriver qu'un homme se tournât vers la philosophie, la littérature, la poésie, non par spéculation, mais par dilettantisme ou par goût, comme Sophocle, qui écrivit des tragédies plutôt que d'exploiter la forge de son père.

Celui qui, pour une raison quelconque, se désintéressait de l'administration de ses biens, trouvait dans les usages athéniens plus d'un moyen indirect d'en tirer profit, sans se donner le moindre mal.

D'abord il lui était loisible de mettre à sa place un régisseur. Ordinairement on choisissait un esclave ou un affranchi, parce qu'on avait de cette manière plus de sécurité. L'esclave, en effet, n'avait rien à lui, pas même ses économies; par conséquent, si son maître le soupçonnait d'infidélité, il était aisé de lui faire rendre gorge. L'affranchi était moins dépendant; mais, dans certains cas, son patron héritait de lui, et, s'il réussissait à le convaincre de vol, il pouvait le ramener à l'état de servitude. Ainsi protégé contre toute malversation, le riche Athénien n'éprouvait aucune répugnance à confier ses terres, son atelier, son commerce ou sa banque à un intendant, qui les gérait comme il l'entendait. Midas, qui remplissait cet office chez le parfumeur Athénogène, vendait, achetait, empruntait à sa guise, et ne présentait ses comptes à son maître qu'une fois par mois.

Un autre procédé, applicable seulement en matière d'industrie, consistait à louer ses esclaves. La location portait soit sur des esclaves isolés, soit sur l'ensemble des esclaves qui garnissaient un atelier, et alors on louait l'atelier avec eux. Dans le second système, le preneur payait une rente analogue de tous points à un loyer ordinaire; dans le premier, il payait une redevance journalière de tant par tête; dans les deux, c'est à lui qu'incombaient les frais de nourriture et la responsabilité des accidents. Cette pratique était tellement répandue, que certains capitalistes acquéraient et dressaient des esclaves uniquement pour les louer. Dans les mines, elle était d'un usage courant, et il est à présumer qu'elle était assez fructueuse, puisque Xénophon conseillait à l'État de l'adopter. Enfin, on a des indices qu'un Athénien autorisait parfois ses esclaves à travailler pour eux-mêmes. On en voyait qui se chargeaient de faire la moisson d'un étranger, de cueillir ses fruits ou de cultiver ses champs. Le contrat était conclu par l'intermédiaire de leur maître; mais c'étaient eux qui touchaient le prix stipulé, sauf une part réservée pour ce dernier. Timarque possédait une dizaine d'esclaves corroyeurs, qui versaient journellement entre ses mains deux oboles chacun, en vertu d'un abonnement qui leur laissait l'excédent de leur gain. Ils devaient former une espèce de société coopérative de production, puisqu'ils avaient un chef d'atelier, esclave comme eux, taxé à trois oboles.

Ces diverses combinaisons avaient pour objet d'assurer aux propriétaires et aux industriels tous les avantages de l'oisiveté, sans les priver pourtant de leurs revenus. Jadis ce privilège avait été particulier à la classe noble ; depuis, il s'était communiqué à la bourgeoisie tout entière, au fur et à mesure qu'elle s'enrichissait. D'après Platon, tout Athénien qui arrivait à la richesse perdait le goût de son métier et glissait vers la fainéantise. Dans cette ville, où les mœurs étaient simples et les goûts modestes, on ne tenait peut-être pas à amasser beaucoup d'argent, d'autant plus qu'on craignait toujours d'exciter les convoitises ; aussitôt qu'on avait atteint un certain chiffre de fortune, on ne pensait plus qu'à en jouir.

Le malheur est que l'exemple fut contagieux. Les gens du peuple réclamèrent, eux aussi, le droit au repos, ne fût-ce que pour s'acquitter de leurs devoirs civiques. La démocratie avait de terribles exigences ; en appelant le citoyen à l'assemblée, au conseil, au jury, aux fonctions publiques, elle lui volait une bonne partie de son temps. Encore si elle s'était contentée de proclamer la participation de tous au gouvernement, sauf à l'attribuer en fait à la bourgeoisie ! Mais, dès la fin du ve siècle, on voulut que la réalité fût conforme à la théorie et que chacun eût effectivement une part égale de souveraineté. De là ces jetons de présence qu'on donnait à quiconque passait sa journée dans les tribunaux, au Sénat, ou dans l'assemblée populaire. Ce n'est pas tout; les pauvres recevaient fréquemment des allocations de blé, gratuites ou à vil prix; on partageait entre eux la chair des nombreuses victimes que la cité immolait en l'honneur des dieux; on organisait périodiquement à leur profit des repas dont les riches faisaient tous les frais. Quand il y avait représentation au théâtre, le Trésor payait leur place. S'ils tombaient malades, ils étaient soignés pour rien par les médecins officiels. S'ils devenaient invalides, ils touchaient un secours journalier. L'État s'ingéniait, en un mot, pour les mettre à l'abri du besoin, et, comme l'homme ne travaille guère pour son plaisir, comme il ne s'y résout que sous l'empire de la nécessité, tous les allégements apportés à leurs charges étaient pour eux autant d'invitations à la nonchalance.

Ce qui augmentait encore leur aversion pour le travail manuel, c'est que rien ne distinguait leur labeur du labeur de l'esclave. Si puissant que fût dans la démocratie athénienne l'esprit d'égalité, il n'allait pas jusqu'à confondre l'esclave et le citoyen. Entre eux se dressa toujours une barrière infranchissable. Le citoyen le plus humble avait pour l'esclave et même pour l'affranchi tout le dédain d'un aristocrate. Il lui en coûta de plus en plus de s'assimiler à lui par son genre d'existence. Il se persuada qu'en travaillant comme lui il se ravalait à son niveau. Son métier prit à ses yeux un caractère servile, par cela seul que des esclaves l'exerçaient aussi, et il tendit à se réfugier dans l'inaction pour sauvegarder sa dignité.

Le régime démocratique, arrivé à son entier développement, finit en somme par produire les mêmes effets que le régime oligarchique. Dans l'un et dans l'autre, l'oisiveté du citoyen fut la conséquence naturelle de ses droits politiques. Pour être véritablement ce que la loi voulait qu'il fût, il fallait qu'il n'eût pas à compter avec les exigences matérielles de la vie et qu'il fût absolument maître de son temps. Au dire de Périclès, un des traits de la République athénienne était que chacun pouvait y vaquer simultanément aux affaires de l'État et à ses propres affaires. Plus tard, les deux choses parurent quelque peu incompatibles, et l'on se crut forcé de choisir. Si les gens du peuple avaient été défrayés de tout par le Trésor, ils auraient certainement cessé leur travail. Ils ne continuèrent de travailler que parce qu'ils recevaient sur les fonds budgétaires des subsides insuffisants. Les étrangers domiciliés étaient dans une situation bien différente. Ils n'avaient, quant à eux, aucun droit ni aucune obligation politique, ils n'avaient non plus rien à espérer de l'État, qui tolérait leur présence. Aussi leur activité, loin de diminuer, ne fit-elle que s'accroître. Dans les chantiers publics, il y avait, au ve siècle, autant de citoyens que d'étrangers; au ive siècle, il y en avait deux fois moins. Ceux-ci envahirent, dans le domaine indus-

triel et commercial, sinon dans le domaine agricole,
la place que ceux-là laissaient libre, de même que
jadis les roturiers avaient pénétré dans toutes les
parties de l'économie que les nobles méprisaient.
L'évolution fut pareille dans les deux cas, et elle fut
régie par les conditions de la vie politique.

IV

Le socialisme. — Concurrence entre le travail libre et le travail
   servile. — Déclin économique de la Grèce. — Les révolutions
   sociales.

Un pas de plus fait dans la même voie conduisit au
socialisme.

Si l'on appelle de ce nom la doctrine qui pousse
l'État à remanier la propriété en vue d'établir l'égalité sociale, il n'est pas douteux que le socialisme a
été de tout temps fort en crédit parmi les Grecs. Ceci
n'est point pour surprendre, lorsqu'on réfléchit que
l'État avait chez eux des droits presque illimités sur
l'individu, sur ses biens comme sur sa personne. Le
plus radical des systèmes qui se rattachent à cette
conception, c'est-à-dire le communisme, séduisit plusieurs philosophes, tels que Platon, les Cyniques et les
Stoïciens. Il compta aussi beaucoup de partisans
dans le peuple, et plus d'un poète comique se donna
la peine, comme Aristophane, de le tourner en déri-
sion ; preuve que cette utopie avait de la vogue dans
le public. Mais, en général, les Grecs furent des

« partageux ». Jamais on ne saisit chez eux une tentative pour maintenir les terres d'une cité dans l'indivision et pour en attribuer la jouissance collective à tous les citoyens. Si quelques théoriciens pensèrent que l'appropriation du sol était un mal, ils ne furent pas suivis par les hommes politiques. Ceux-ci se prononcèrent invariablement pour le principe de la propriété privée, et toute leur ambition se bornait à la transférer des riches aux pauvres. Les attentats innombrables qui furent commis contre elle dans le cours des siècles eurent pour objet non de la supprimer, mais de la répartir autrement. Les plus hardis révolutionnaires ne cherchaient qu'à opérer une sorte de péréquation des fortunes. Il va de soi que le but ne fut pas atteint dans la pratique. D'abord, quand on procédait à un partage, on ne s'astreignait pas à faire des parts rigoureusement égales. De plus, on ne prenait aucune précaution pour empêcher l'inégalité de renaître dès le lendemain. Enfin, il n'était pas rare que l'œuvre accomplie fût bientôt annulée par le retour au pouvoir de ceux qu'on avait dépouillés. Bref, c'était toujours à recommencer.

Les convoitises de la foule visaient principalement la terre, parce que la terre était la plus apparente et la plus solide des propriétés; mais il ne s'ensuit pas qu'elles respectassent les esclaves, l'argent, et, d'une façon générale, les objets mobiliers. On mettait la main sur tout, quand l'occasion s'offrait. Parfois on couvrait ces spoliations d'un semblant de légalité. Mais, le plus souvent, c'est à la violence seule qu'on avait recours. Une émeute éclatait contre les riches. Si elle triomphait, les vainqueurs tuaient leurs adversaires ou les exilaient. La mort et le bannissement entraînaient la confiscation. L'État s'emparait ainsi de tous les biens des victimes, et les nouveaux maîtres de la cité, étant libres d'en disposer à leur gré, les gardaient pour eux. L'histoire de la Grèce est pleine de révolutions de ce genre. Elles débutèrent au moment des premiers conflits entre le parti aristocratique et le parti démocratique, et elles durèrent jusqu'à la conquête romaine. Ce singulier phénomène d'un peuple acharné à se déchirer lui-même pendant une longue suite de générations ne saurait s'expliquer uniquement par l'égoïsme des riches et la cupidité des pauvres. Il doit tenir à des causes plus profondes, et en voici une qui saute d'emblée aux yeux.

L'homme libre qui voulait gagner sa vie par son travail se heurtait à la concurrence de l'esclave.

En premier lieu, son salaire était déterminé par le prix de la main-d'œuvre servile. Quand l'employeur a la faculté d'opter entre deux catégories de travailleurs, chacune d'elles est obligée d'abaisser ses exigences au même niveau que l'autre, sous peine d'être délaissée. C'est ce qui se passe aujourd'hui dans les contrées où des étrangers plus sobres, moins besogneux et plus faciles à satisfaire viennent disputer le travail aux indigènes; il en résulte une diminution plus ou moins sensible des salaires locaux, comme c'était le cas en Australie ou en Californie avant l'adoption des mesures restrictives de l'immigration chinoise. L'ouvrier grec souffrit de même de la présence des esclaves. Son travail fut estimé d'après le coût de leur travail, et il fut payé suivant un tarif conforme à leurs besoins et non pas aux siens, sans qu'il lui fût possible d'ailleurs de s'entendre avec eux pour forcer la main aux patrons. Il ne pouvait pas compter davantage sur la grève; cette arme, si efficace de nos jours, eût été alors sans vertu, puisqu'il aurait suffi, pour la paralyser, de s'adresser à la main-d'œuvre rivale, qui n'avait guère, quant à elle, le moyen de se dérober à l'appel de son maître.

L'esclave nuisait, en outre, à l'homme libre parce qu'il lui enlevait de l'ouvrage, et même beaucoup d'ouvrage. Lorsqu'on avait acheté un individu qu'il fallait nourrir, vêtir et loger, on tenait naturellement à ce qu'il ne demeurât pas inactif. Si nos industriels sont en perte chaque fois que leurs machines sont arrêtées, la remarque est encore plus vraie des possesseurs d'esclaves; car une machine en chômage n'est qu'un capital improductif, tandis qu'un esclave oisif est un capital qui occasionne des dépenses sans rien rapporter. Il était donc doublement nécessaire, pour quiconque, en Grèce, avait des esclaves, de les faire travailler, chez soi ou chez autrui, et toute besogne exécutée par eux était autant de perdu pour l'ouvrier libre. Or, il est visible que la classe servile ne cessa d'augmenter. Nous n'avons pas là-dessus de chiffres précis ; nous constatons seulement que les pays où elle se recrutait embrassaient un horizon de plus en plus vaste, et que, dans les derniers siècles de l'indépendance hellénique, elle s'alimentait jusqu'en Égypte, en Arabie, en Arménie, en Perse et en Sarmatie. Cette invasion continuelle de travailleurs exotiques, pour qui les maîtres cherchaient à tout prix un emploi, avait cette effet fâcheux d'accroître probablement l'embarras du paysan ou de l'artisan en quête d'occupation.

Pour remédier au mal, il eût été bon que l'État prît la défense de la main-d'œuvre libre ; mais il ne paraît pas que cette idée se soit présentée aux esprits ; l'État grec se désintéressa toujours des questions relatives au travail et laissa à l'initiative privée le soin de les régler. Il eût fallu surtout que la prospérité générale de la Grèce grandît dans une proportion plus forte que le nombre de ses esclaves ; car, alors, ces derniers n'auraient pas pu tout faire, et il serait resté de la place pour leurs rivaux. Le malheur est qu'à considérer les choses en gros, la Grèce semble s'être bien appauvrie après la conquête macédonienne. Le III⁰ siècle avant Jésus-Christ vit éclore autour d'elle une multitude de royaumes nouveaux, sortis du démembrement de l'empire d'Alexandre, qui devinrent, eux aussi, des centres de production agricole et industrielle, et qui par là portèrent un rude coup à l'Hellade proprement

dite. Celle-ci fut dépossédée partiellement de sa clientèle extérieure par des villes comme Alexandrie,
Rhodes, Pergame. Elle perdit peu à peu ses anciens
débouchés et elle ne sut pas s'en procurer d'autres.
Le travail se restreignit de jour en jour et des signes
de décadence se manifestèrent. Il y eut là une pér-
turbation comparable aux troubles économiques
qu'amène dans le monde moderne le développement
rapide de certains États nés d'hier à la vie industrielle
et commerciale. La Grèce fut incapable de résister à
la concurrence dont je parle, et elle commença à pen-
cher vers la ruine.

Une crise si grave força beaucoup de citoyens pauvres à s'expatrier. Ils allaient chercher aventure dans
ces royaumes d'Orient dont on exaltait la richesse, et
où ils ne risquaient pas de se sentir trop dépaysés,
puisqu'il s'y trouvait des souverains d'origine hellénique. S'ils avaient le goût de la guerre, ils s'enrô-
laient comme soldats mercenaires. Parfois même, ils
s'établissaient dans des contrées lointaines où on leur
assignait des terres. Ceux qui restaient en Grèce
étaient les plus malheureux. Condamnés à l'oisiveté
par la prédominance de la main-d'œuvre servile, qui
accaparait presque tout, privés des secours officiels
que le budget n'était plus en état de leur distribuer,
peu portés d'ailleurs à l'ouvrage par suite d'un préjugé auquel ils ne pouvaient se soustraire, ils vivaient
pour la plupart dans la gêne, souvent dans les dettes,
et, comme la contrainte par corps existait partout,

sauf à Athènes, l'insolvabilité était pour eux une perpétuelle menace de servitude.

Il était naturel que, dans leur détresse, ils jetassent un regard d'envie sur les biens des riches, et ils n'avaient pas les mêmes motifs que nous pour s'abstenir d'y toucher. Une des raisons qui contribuent chez nous à protéger la richesse, c'est la fonction sociale qu'elle remplit. Le riche jouit aujourd'hui de sa fortune; mais il en fait jouir aussi le pauvre par le travail qu'il lui fournit. Tout gain du pauvre, sous quelque forme qu'il lui vienne, est prélevé sur le capital du riche. On peut alléguer, et c'est l'opinion des socialistes, que la part du travail est insuffisante et que le capital devrait donner beaucoup plus qu'il ne donne. Mais enfin le travail recevrait encore moins, si le capital n'était point là pour le rémunérer. Le même phénomène se produisit dans les derniers temps de la Grèce; mais, comme le travail avait de plus en plus un caractère servile, c'était l'esclave ou plutôt son maître, c'est-à-dire au fond un capitaliste, qui recueillait tout ce que le capital payait au travail. Le capital était donc à peu près inutile au citoyen pauvre, et par conséquent celui-ci n'avait aucun intérêt à le respecter.

Rien ne retenait sa convoitise, et tout, au contraire, l'encourageait. Il fuyait le travail et le travail le fuyait; il était enclin à vivre dans l'oisiveté, et, s'il voulait en sortir, cela ne lui était pas toujours possible; il menait une existence de rentier et il n'avait point de rentes. Il ne lui restait qu'un expédient, c'était de s'approprier les biens d'autrui, et c'est en effet à quoi il visa. Ainsi s'explique l'âpreté des luttes sociales qui agitèrent cette période de l'histoire grecque. A Sparte, on essaya de procéder avec quelque régularité ; mais la réforme échoua devant l'hostilité des privilégiés, et, des deux princes qui la tentèrent, l'un fut tué, et l'autre banni. Partout ailleurs, ce fut une succession ininterrompue de massacres, d'exils et de spoliations. La classe inférieure avait pour elle le nombre et elle en abusait. On ne cherchait pas à résoudre le problème d'une façon équitable et rationnelle. Les philosophes avaient élaboré à ce sujet des systèmes très savants, dont on aurait pu s'inspirer ; on ne songea pas à leur faire le moindre emprunt. La foule agit avec brutalité, sous l'impulsion de la haine engendrée chez elle par la paresse et par la misère. Les pauvres n'avaient qu'un désir, se substituer aux riches et devenir propriétaires à leur tour. C'était déplacer le mal et non pas le guérir ; c'était satisfaire les besoins du moment, ce n'était pas préparer un avenir meilleur, d'autant plus que l'état de choses amené par chacune de ces révolutions n'était jamais stable et provoquait bientôt de cruelles représailles.

Ces désordres achevèrent de détruire ce qui subsistait encore d'amour pour le travail. Pourquoi le pauvre aurait-il peiné en vue d'un maigre profit, alors qu'un coup de force était capable de l'enrichir soudain ? Ne valait-il pas mieux attendre cet heureux événement, et, s'il tardait trop, le hâter ? On comptait alors sur une révolution, comme certaines gens comptent sur un billet de loterie, et on avait sur ces derniers l'avantage de pouvoir aider la chance. On ne saurait dire jusqu'à quel point ce calcul eut un effet démoralisateur.

Pour comble de malheur, lorsqu'un parti était trop faible, soit pour attaquer, soit pour se défendre, il n'hésitait pas à invoquer l'appui de l'étranger. Il ne s'adressait pas seulement à ses voisins les plus proches; il sollicitait même l'intervention de la Macédoine et de Rome, et, quand ces puissances eurent mis le pied en Grèce, elles ne voulurent plus en sortir. Les guerres sociales ruinèrent le patriotisme et le souci trop exclusif de l'intérêt privé prépara l'asservissement général.

L'origine première de tout cela, ce fut la mauvaise organisation du travail. Les contemporains ne sentirent peut-être pas ce qu'elle avait de défectueux, ou, s'ils s'en aperçurent, ils ne firent aucun effort sérieux pour la corriger. Lorsque Agis et Cléomène voulurent opérer une refonte de la société spartiate, ils appliquèrent toute leur intelligence et toute leur énergie à la question de la propriété, et ils négligèrent la question du travail. Les Grecs étaient persuadés que la fonction capitale du citoyen était le service de l'État. De cette conception fondamentale, tout le reste découla fatalement. C'est parce que les nobles avaient, au début, la charge de gouverner et de combattre qu'ils s'arrogèrent le privilège de l'oisiveté. C'est pour une raison analogue que les bourgeois riches abandonnèrent le travail aux pauvres et aux esclaves. C'est pour avoir le temps de remplir tous leurs devoirs civiques que les pauvres eux-mêmes revendiquèrent, à la fin, le droit au repos et le droit à la propriété. A mesure qu'une couche d'individus arrivait à la vie publique, elle tâchait de se délivrer des préoccupations de la vie matérielle, et le travail descendait d'un degré dans la hiérarchie sociale chaque fois qu'une classe nouvelle montait d'un degré dans la hiérarchie politique; si bien qu'après l'avènement de la démocratie pure, toute la besogne retomba sur les étrangers et les esclaves, c'est-à-dire sur des gens qui étaient absolument en dehors de la cité. Puisque l'État prétendait absorber toute l'activité du citoyen, il était légitime qu'il nourrît ceux d'entre eux qui n'avaient point de ressources propres; car c'était là aussi un travail qui réclamait un salaire. Il ne put assumer une dépense si lourde, et il obligea par cela même les pauvres à courir sus aux riches, à les dépouiller de leurs biens, et à déchaîner sur la Grèce les épouvantables violences où s'abîma sa prospérité et où périt son indépendance.

III

L'IMPOT SUR LE CAPITAL A ATHÈNES[1]

I

Théorie de Böckh sur l'*eisphora*. — La dîme sous Pisistrate. —
Création de l'*eisphora* en 428 av. J.-C. — Intermittence et
affectation militaire de la taxe.

Le plus éminent peut-être des philologues alle-
mands du dernier siècle, Böckh, attribue à Solon la
création de l'impôt athénien sur le capital, qu'il fait
ainsi remonter aux environs de l'année 590 avant
l'ère chrétienne. D'après lui, cette taxe pesait exclusivement sur la terre. On déterminait le capital de
chacun en multipliant par douze le chiffre de son
revenu foncier; puis on groupait les citoyens en
quatre classes; la quatrième ne payait rien et les
trois autres étaient frappées suivant un tarif uniforme, qui s'appliquait pour la première à la totalité
du capital, pour la seconde aux cinq sixièmes, pour
la troisième aux cinq neuvièmes [2].

1. *Revue des Deux Mondes*, 15 octobre 1888 (remanié).
2. *Staatshaushaltung der Athener*, livre IV, § 5.

Cette hypothèse a longtemps obtenu l'assentiment universel, et elle rencontre toujours beaucoup d'adhérents. On a pourtant objecté qu'un tel impôt ne convenait guère à une époque où « la science financière était encore dans l'enfance ». C'était en effet à la fois un impôt foncier, un impôt progressif, ou, si l'on veut, dégressif, et un impôt de classe. De pareilles taxes s'aperçoivent dans l'histoire, mais seulement dans les sociétés où la civilisation est déjà avancée et où l'État est puissamment armé. Il est donc douteux que Solon ait accompli une réforme de ce genre [1].

Il faudrait néanmoins l'admettre, si des documents précis l'attestaient. Le malheur est que les textes se taisent sur ce point. Il y a dans un grammairien de l'Empire, Pollux, une phrase équivoque d'où il serait possible à la rigueur de déduire un système analogue à celui de Böckh. Mais l'auteur ne dit pas que l'impôt dont il parle ait existé dès le temps de Solon ; il dit simplement qu'il existait à Athènes, sans indiquer la date, et cet impôt a pu être d'une origine plus tardive. Depuis la découverte du traité d'Aristote sur le gouvernement des Athéniens, nous connaissons un peu mieux que Böckh l'œuvre du législateur. Or il est manifeste qu'en établissant quatre classes de citoyens fondées sur la propriété foncière, il eut en vue tout autre chose que l'assiette de l'impôt. Ces classes étaient à ses yeux des listes de notabilité, qui devaient

1. Beloch dans l'*Hermes*. XX, p. 245.

servir à la répartition des fonctions publiques. Selon qu'on était plus ou moins riche, on était éligible à telle où telle magistrature, et les pauvres n'avaient accès qu'à l'assemblée populaire et aux tribunaux.

Peut-être cette organisation avait-elle aussi un objet militaire. C'est une règle constante que dans les états primitifs, du moins tant qu'ils restent aristocratiques, les citoyens supportent seuls les frais du service. Ils s'arment, s'équipent et se nourrissent eux-mêmes, sans le concours pécuniaire de l'État, et leur unique dédommagement est le butin qui accompagne la victoire. C'est notamment le caractère que présentent les troupes homériques. Il en fut ainsi également à Athènes avant Solon et même longtemps après lui. Le nom de deux de ses classes est à ce propos bien significatif. La seconde était celle des « cavaliers », et ce terme est suffisamment clair. La troisième était celle des « zeugites ». Or ce mot était probablement synonyme d' « hoplite » et s'appliquait à la grosse infanterie. Pour figurer dans l'une et dans l'autre, comme aussi dans la première, celle des « pentacosiomédimnes », il fallait justifier d'un certain chiffre de récolte, et cette obligation ne se conçoit que si l'homme était assujetti à des dépenses personnelles.

Sous Pisistrate et ses fils les charges du trésor s'accrurent. Les tyrans entreprirent des travaux considérables ; ils eurent une marine et firent des guerres ; ils s'entourèrent d'une cour brillante ; ils donnèrent un grand éclat aux fêtes; ils installèrent sur l'Acropole une troupe de mercenaires qui veillait à leur sûreté. Ils furent donc forcés de chercher des ressources nouvelles, et c'est ce qui les amena à percevoir une dîme de 5 ou de 10 p. 100 sur les produits du sol. Cela montre qu'avant eux il n'y avait à Athènes aucun impôt direct; sans quoi, il est probable qu'ils se seraient contentés de le maintenir, peut-être avec des retouches; car leur souci paraît avoir été d'innover le moins possible, sauf en ce qui concerne leur pouvoir.

Cette dîme elle-même fut abolie après eux. Mais la perte fut largement compensée par deux sortes de revenus.

Le trésor athénien avait toujours tiré quelques profits de l'exploitation des gisements de plomb argentifère qui se trouvaient dans la région du Laurion. En 484 av. J.-C. cette recette s'éleva brusquement à 100 talents (600 000 fr.) [1]. On se disposait à la distribuer entre les citoyens, quand Thémistocle, en prévision d'un retour offensif de la Perse, persuada à ses compatriotes d'affecter ce boni à la construction d'une flotte. Nous ignorons si dans la suite le rendement fut aussi fort. En tout cas nous avons la preuve que pendant le cours du v⁰ siècle il y eut là pour l'État une source abondante de bénéfices réguliers.

Ce n'est pas tout : au lendemain des guerres médi-

1. Pour simplifier les calculs j'attribue au talent la valeur de 6 000 francs et à la drachme la valeur d'un franc.

ques les Grecs eurent l'idée d'englober dans une vaste confédération la plupart des cités maritimes de l'Archipel, afin de conjurer toute invasion asiatique. Athènes fut placée à la tête de cet empire, et elle y exerça une autorité de plus en plus grande. Elle en arriva bientôt à gérer sans contrôle les fonds de la ligue; son budget finit par se confondre avec celui des alliés, et d'assez bonne heure toute distinction s'effaça entre ses propres revenus et les tributs fédéraux. Or ces tributs, d'abord fixés à 460 talents (2 760 000 fr.), atteignirent 600 talents (3 600 000 fr.) vers 431 et 1 300 (7 800 000 fr.) en 425; si bien que les Athéniens, enrichis par ces subsides annuels, purent former une réserve métallique qui monta à 56 millions, malgré les dépenses qu'entraînait la politique démocratique de Périclès [1].

Cette prospérité financière fut interrompue par la guerre du Péloponnèse. Les frais énormes qu'elle coûta ne furent pas imputables seulement à sa durée et à son extension; ils tinrent encore à une autre cause. Ce fut, à ce qu'il semble, sous le gouvernement de Périclès que l'on établit la solde militaire. Nous ne savons pas si cette réforme est bien antérieure à l'année 433-2, qui inaugura les hostilités. Toujours est-il qu'il en résulta un surcroît très sensible des charges budgétaires, par rapport aux guerres précédentes. La solde complète, avec la nourriture, était en effet d'une drachme (1 franc) par jour pour

1. Thucydide, II, 13.

l'hoplite et autant pour son valet, de deux drachmes pour le cavalier, et d'une drachme pour le matelot. Aussi le déficit commença-t-il presque immédiatement, et il devait persister désormais dans toutes les années de guerre. Il fallut donc toucher à la réserve que Périclès avait eu la sagesse de constituer. Ces fonds étant gardés dans les temples étaient censés appartenir aux dieux; mais en réalité ils étaient à la discrétion de l'État, qui se les appropriait au besoin par voie d'emprunt et moyennant le paiement d'un faible intérêt. C'est ce qui permit dans les premiers temps de faire face aux dépenses.

On a prétendu pourtant que déjà l'impôt sur le capital était en vigueur; car, dit-on, un décret de 434 en parle comme d'une chose courante. Mais l'attribution du document à cette date est certainement erronée, puisqu'il s'y trouve des formes d'orthographe qui empêchent de le reporter plus haut que l'année 420-419, et ceux mêmes qui s'obstinent à le croire plus ancien en sont réduits à cette hypothèse absurde que le décret, rendu en 434, n'a été gravé sur la pierre que quatorze ans après. Au contraire la date de 418-7, adoptée par Böckh, est d'autant plus plausible qu'elle est confirmée par la teneur même du texte. On y constate que les Athéniens avaient depuis peu remboursé « à la déesse » la somme de 6 000 talents. Or une opération de cette nature ne fut possible qu'à la faveur de la paix, et la paix avait été rétablie au début de 421 par le traité de Nicias.

La première mention qui soit faite de l'impôt en question ou de l'*eisphora* est de l'année 428. A ce moment eut lieu la révolte de Mytilène et son alliance avec Sparte. Elle donnait par là aux confédérés un mauvais exemple dont il fallait à tout prix arrêter les suites. De plus, en changeant de parti, elle déplaçait un appui qui n'était point négligeable. Un grand effort était donc nécessaire de la part des Athéniens pour punir la cité rebelle. Comme les réserves étaient sérieusement entamées, ils amassèrent de l'argent par trois moyens différents. Ils allèrent ravager la contrée d'Asie Mineure qu'arrose le Méandre; ils pressèrent la rentrée des tributs des alliés; puis, pour montrer qu'ils savaient à l'occasion s'imposer à eux-mêmes des sacrifices, ils votèrent une eisphora de 200 talents (1 200 000 fr.)[1]. Ce ne fut ni en vertu d'une conception théorique ni par goût des nouveautés qu'on imagina cette contribution. Elle fut, comme l'*income-tax* au début, une « aide pour la continuation de la guerre », et jamais elle ne perdit ce caractère.

Il est naturel que cet impôt ait été fréquemment levé tant que dura la lutte contre Sparte. L'accroissement démesuré des dépenses, la ruine de l'agriculture, la diminution du commerce et de l'industrie, la défection de presque tous les alliés jetèrent les Athéniens dans un tel état de gêne qu'ils en vinrent, par une dérogation inouïe à leurs principes, jusqu'à

1. Thucydide, III, 19.

altérer les monnaies. Cette détresse témoigne qu'ils durent souvent frapper les fortunes individuelles, et nous voyons qu'ils le firent en effet.

Ils le firent également au IVe siècle, mais toujours d'une façon accidentelle. Les modernes sont tentés de s'étonner qu'on n'ait pas songé à convertir cet impôt en une recette régulière. Après une vaine tentative pour restaurer cet empire maritime d'où elle tirait jadis de si beaux revenus, Athènes ne put dorénavant compter que sur elle-même, et, par une fâcheuse coïncidence, il y avait alors un appauvrissement général du pays. On n'avait pas néanmoins le courage de restreindre les dépenses; on vivait en pleine démocratie, et ce régime d'ordinaire est coûteux. Bien plus, on gaspillait pendant la paix les excédents, et l'on proclamait ce principe que le chapitre essentiel du budget était celui des réjouissances publiques. Des utopistes s'ingéniaient à découvrir des moyens de faire affluer l'argent au trésor; on lançait des plans admirables de réformes fiscales; et c'est là le propre d'une société qui a des embarras pécuniaires. On ne remarque pas pourtant que les Athéniens aient eu la pensée de rendre l'eisphora permanente. Peut-être étaient-ils persuadés que la richesse était déjà assez chargée; peut-être aussi préféraient-ils se ménager pour les circonstances critiques des ressources qu'en temps normal il valait mieux laisser intactes. Quelles qu'aient été leurs raisons, cette taxe ne fut jamais annuelle.

Elle n'était pas seulement intermittente; elle eut toujours une destination militaire. Les termes qui désignent la guerre et l'impôt sur le capital sont perpétuellement associés par les écrivains grecs. Ce n'est pas que l'eisphora ait été exclusivement consacrée à couvrir les frais des expéditions de terre ou de mer; parfois elle fut quelque peu détournée de cet objet. Le gouvernement des Trente avait contracté un emprunt à Sparte; après sa chute, les Lacédémoniens exigèrent qu'on le remboursât, et la dette fut éteinte à l'aide d'une eisphora. Ce fut encore l'eisphora qui fournit plus tard de quoi réparer l'arsenal du Pirée. Mais ces deux exemples n'infirment en rien la règle qui affectait le produit de cet impôt, en paix comme en guerre, aux besoins de la défense nationale.

Pour en autoriser la levée, un décret du peuple était indispensable. Mais quiconque, magistrat ou particulier, voulait présenter à l'assemblée une motion de ce genre, devait obtenir au préalable le vote de l'*adeia*; sinon il encourait une responsabilité dont les limites nous échappent. Cette formalité équivalait, semble-t-il, à notre prise en considération; elle avait pour but de garantir les Athéniens contre les inconvénients d'une décision improvisée. La loi voulait qu'on ne touchât au capital qu'après mûre réflexion. Toutefois, lorsqu'on voit avec quelle liberté Démosthène demande à plusieurs reprises le vote d'une eisphora, on devine qu'au milieu du IVe siècle cette précaution était tombée en désuétude.

II

Détermination du capital. — Déclarations individuelles. — Contrôle administratif. — Contrôle de l'opinion publique.

L'Attique du ve et du ive siècle n'était pas un de ces pays où prédomine la propriété foncière et où l'impôt sur le capital est avant tout un impôt sur la terre. Le sol y était un élément des fortunes privées, mais il n'était pas le seul. Dans une cité où l'industrie, le commerce, la banque, la navigation avaient tant d'activité, il était inévitable que la richesse mobilière fût prépondérante ou du moins qu'elle balançât l'autre. En général le patrimoine d'un Athénien aisé se composait à la fois d'immeubles ruraux et de capitaux. Nous possédons de nombreux inventaires de successions; presque tous ont ce caractère. Un certain Stratoclès laissa en mourant deux maisons, un petit domaine et 5000 drachmes de créances. Ciron avait une terre, deux maisons de ville et beaucoup d'argent placé à intérêt. Le père de Timarque légua à son fils une maison située derrière l'Acropole, deux fonds de terre, une fabrique de chaussures et des titres sur plusieurs débiteurs. Il serait aisé de multiplier ces exemples et de montrer que le capital né du commerce et de l'industrie avait acquis une importance égale, sinon supérieure, à celle du capital foncier. Il y avait même des gens riches, comme Nicias et le père de Démosthène, qui n'avaient pas un pouce de terre

au soleil. Aussi, quand l'État athénien établit l'eisphora en 428, il ne la restreignit pas au sol; il l'étendit
à l'ensemble des biens.

La grosse difficulté, quand il s'agit de l'impôt sur
le capital, c'est de déterminer la fortune de chacun.
D'une part, en effet, les déclarations individuelles
sont souvent mensongères, et, d'autre part, la taxation
administrative est fort vexatoire. Adam Smith estime
que le premier procédé offre peu d'abus « dans une
petite république où le peuple a une confiance entière
en ses magistrats, où il est convaincu que l'impôt est
nécessaire aux besoins de l'État et où il croit qu'on
l'appliquera fidèlement à son objet ». Cette règle est
loin d'être absolue, et jadis à Florence les fraudes
étaient très fréquentes, comme elles le sont aujour-
d'hui dans les cantons suisses.

A Athènes chaque citoyen indiquait le chiffre de son
actif; mais les erreurs volontaires n'étaient pas rares.
Isée proclame que le devoir d'un bon citoyen est de
fournir des subsides à la république, quand elle les
exige, et « de ne rien cacher de ce qu'il a ». On ne se
gênait donc pas pour faire autrement. Le même orateur nous apprend qu'on reprochait à un de ses clients
de garder secret le montant véritable de son avoir,
pour que la cité en profitât le moins possible. L'avocat
d'un individu nommé Polystrate le loua un jour du
mérite que voici : « Il lui eût été facile de se soustraire
à l'impôt; il n'avait qu'à ne pas dire ce qu'il possédait. Il aima mieux cependant être véridique, pour

être dans l'impossibilité de se dérober à l'eisphora, si par hasard il en avait eu la tentation.'» « Il y a ici, remarquait Démosthène, autant de ressources qu'ailleurs; mais ceux qui les ont s'évertuent à les dissimuler[1]. »

L'esprit pratique des Athéniens chercha les moyens de déjouer ces manœuvres.

D'abord les déclarations des particuliers n'étaient pas acceptées de confiance et on ne manquait pas d'en vérifier l'exactitude. Les stratèges avaient en cette matière des droits qui pouvaient aller jusqu'à l'abus, puisque Cléon, dans une comédie d'Aristophane, menace un charcutier « de le faire inscrire parmi les riches ».

Pour les biens fonciers, les chefs des districts ruraux qu'on appelait les *dèmes* étaient de précieux auxiliaires. On savait à qui chaque parcelle appartenait; on en connaissait le revenu annuel, par suite la valeur vénale; enfin, qu'elle fût affermée ou non, qu'elle fût grevée ou libre d'hypothèques, c'était toujours au nom du propriétaire en titre qu'elle figurait sur les rôles des contributions.

Le contrôle était beaucoup plus malaisé pour la propriété mobilière. Dans les sociétés modernes, la perception des droits de mutation et d'enregistrement, la nécessité de recourir aux officiers ministériels pour certains actes juridiques, l'obligation pour les com-

1. Isée, VII, 40; XI, 47; Lysias, XX, 23; Démosthène, XIV, 25.

merçants de tenir des livres où sont consignées toutes leurs opérations, sont autant de moyens dont dispose le fisc, lorsqu'il a quelque intérêt à pénétrer dans le secret des affaires d'un particulier. Rien de pareil à Athènes. Les négociants avaient bien des livres ; mais ils y notaient ce qu'ils voulaient, et ils n'étaient pas forcés de les communiquer. Les contrats se faisaient sous seing privé, et s'il arrivait qu'on invoquât le concours d'une tierce personne, par exemple d'un banquier, soit pour rédiger, soit pour garder un document de ce genre, cet homme n'était rien de plus qu'un témoin ordinaire, et on ne pouvait le contraindre à produire les pièces qu'il avait en dépôt. Enfin l'État n'intervenait dans les actes de transfert de propriété qu'en cas de vente et il n'y avait de publicité que pour les hypothèques. La tâche des agents du Trésor se compliquait donc de toute la peine qu'ils avaient à recueillir des éléments d'information. S'il y avait désaccord entre eux et les contribuables, un procès s'engageait devant le jury, et là les seules preuves légales étaient les témoignages oraux. Les témoins étaient même appelés à certifier l'authenticité des pièces écrites que les parties versaient aux débats.

Je me demande s'il n'existait pas, en dehors de l'action administrative, une autre manière de constater et de réprimer la fraude. Tout citoyen avait qualité pour remplir l'office dévolu chez nous au ministère public ; s'il avait connaissance d'un délit, il était **libre** de le dénoncer et d'en poursuivre le châtiment. N'y avait-il pas lieu pour l'eisphora d'agir de la sorte? Un homme faisait aux magistrats une déclaration fausse de ses biens; son voisin le savait; celui-ci n'était-il pas autorisé à l'actionner en justice? Je me hâte de dire que nous n'en avons aucun exemple; mais la conjecture n'est peut-être pas dénuée de vraisemblance, surtout si l'on juge que les débiteurs de l'État, quand ils exagéraient leur pauvreté, étaient souvent accusés par les particuliers. Il y avait quelque parenté entre ce délit et la fraude en matière fiscale, et il est possible que les dénonciations privées aient été admises dans les deux cas. Le plaignant courait des risques personnels, qui le déterminaient parfois à se substituer un homme de paille. Si son adversaire était acquitté à la majorité des quatre cinquièmes des voix, il payait lui-même une amende et il subissait une légère diminution de ses droits civiques. S'il triomphait, la déclaration de l'inculpé était rectifiée, et ce dernier se voyait infliger une amende, dont l'autre recevait une part.

Dans les procès, le jury avait une tendance irrésistible à condamner l'accusé. La petite bourgeoisie qui dominait dans les tribunaux éprouvait à l'égard des riches l'envie habituelle aux pauvres, et ici l'irritation des juges était d'autant plus vive que la fraude portait sur l'impôt spécialement affecté à la défense du pays. C'était à Athènes une idée très répandue que lorsque l'État se trouvait à court d'argent, il était excusable de s'en procurer même par des confiscations iniques. On devine dès lors les sentiments des jurés envers tout citoyen soupçonné d'avoir voulu sous-traire une partie de sa fortune à la taxe de guerre. Il fallait qu'il eût vingt fois raison pour qu'on ne lui donnât pas tout à fait tort.

Mais de toutes les garanties la meilleure était encore l'opinion publique. L'attachement des modernes à la patrie n'est pas comparable à celui des anciens. On s'étonne, à première vue, de l'étendue des sacrifices que l'État pouvait imposer à un Grec ou qu'un Grec s'imposait pour le service de l'État. Tout se réunissait pour les lui faire accepter : l'amour très ardent qu'ins-pirait le sol natal, la vanité, le désir de renchérir sur les générosités d'autrui, le goût de la popularité, la conviction que le zèle à remplir les devoirs civiques était la sauvegarde de la sécurité extérieure et par conséquent des intérêts de tous. De là cette pensée qu'il fallait se soumettre docilement aux exigences fiscales de l'État et même lui donner plus qu'il ne demandait.

Chacun était moralement tenu de dépasser ici la mesure de ses obligations, et l'on savait presque mauvais gré à ceux qui faisaient strictement le néces-saire. « J'ai supporté les charges qui m'étaient pres-crites, disait un individu aux jurés, avec plus d'entrain que je n'y étais forcé. » « Dans mon privé, disait un autre, je suis économe; je suis plus heureux de dé-penser pour vous que de dépenser pour moi. » Un

Athénien se vante, dans un plaidoyer d'Isée, de toucher le moins possible à ses revenus et de les réserver pour les besoins de la cité. Quand même ce ne serait là que des paroles en l'air, ces textes auraient néanmoins de la valeur comme indice du sentiment général, puisque de tels arguments étaient invoqués devant les juges [1].

Dans la réalité, les choses se passaient vraiment de la sorte. Les libéralités des riches envers l'État étaient très communes à Athènes, et elles se produisaient sous toutes les formes : dons d'argent, de navires, d'armes, distributions de blé, prestations onéreuses. Il arrivait même parfois qu'un décret du peuple ouvrît une souscription nationale. Un fait pareil eut lieu dans une circonstance où l'on voulait pourvoir « au salut de la cité et à la garde du territoire ». On fixa le minimum et le maximum des cotisations; la pierre où furent gravés les noms, bien qu'elle soit mutilée, n'en contient pas moins de cent seize; presque tous versèrent le maximum, c'est-à-dire 200 francs. Si les Athéniens montraient ce désintéressement dans les cas où il n'était pas obligatoire, j'en conclus qu'ils avaient quelque scrupule à tromper les agents de l'eisphora, et que la fraude était moins grande qu'on ne s'y attendrait de la part d'un peuple chez qui l'habileté se confondait trop souvent avec la fourberie.

1. Lysias, VII, 31; XXI, 16; Isée, VII, 39.

III

Assiette de l'*eisphora* d'après Böckh. — Le capital imposable
depuis 378.

Pour l'assiette de l'impôt on doit distinguer deux
périodes séparées par l'année 378 avant Jésus-Christ.

Dans la première, il n'est pas douteux que tout le
capital mobilier était taxé. Mais, d'après Böckh, il n'en
était pas de même de la terre. On a vu qu'il existait
quatre classes où les citoyens étaient répartis selon
leur revenu foncier. Les pentacosiomédimnes récoltaient au minimum soit 500 médimnes de grain
(262 hectolitres), soit 500 métrètes de vin ou d'huile
(197 hect.). Les cavaliers récoltaient 300 mesures, les
zeugites 150, et les thètes moins de 150. Pour passer
de là au capital, on commençait par attribuer à la
mesure la valeur d'une drachme; puis on multipliait
les sommes de 500, 300, 150 drachmes ainsi obtenues,
par 12, taux habituel de l'intérêt, et il en résultait que
le capital de la première classe était de 6 000 drachmes
ou un talent, celui de la deuxième de 3 600 drachmes,
celui de la troisième de 1 800 drachmes. Mais, quand
on avait à percevoir l'eisphora, on établissait une différence entre le capital réel et le capital imposable.
Ce dernier, égal au premier pour les pentacosiomédimnes, se réduisait à 3 000 drachmes ou un demi-
talent pour les cavaliers, et à 1 000 drachmes ou un
sixième de talent pour les zeugites. Le tableau sui-

vant, que j'emprunte à l'ouvrage de Böckh, rendra plus claires toutes ces combinaisons.

	Revenu annuel.	Taux de capitalisation.	Capital réel.	Capital imposable.
Ire classe...	500 dr.	12 p. 100	6 000 dr.	6 000 dr. ou 1 tal.
IIe — ...	300	12 —	3 600	3 000 ou 1/2 t.
IIIe — ...	150	12 —	1 800	1 000 ou 1/6 de t.

Ce système est ingénieux; mais il soulève plusieurs objections.

S'il est exact qu'au début du vi^e siècle avant Jésus-Christ le médimne de grain valait une drachme, les prix étaient tout autres à la fin du ve. Alors c'était l'orge seulement qui se vendait une drachme; quant au blé, il devait se vendre trois drachmes, comme en 393. Pour le vin, le cours normal était au ive siècle de quatre drachmes le métrète et pour l'huile de douze drachmes. Or il serait étrange qu'en 428, lorsqu'on organisa l'eisphora, on se fût référé aux prix de l'année 600. Ce serait aussi absurde que si de nos jours l'administration des contributions directes se guidait d'après les mercuriales du règne de Louis XV. A cela on répond, il est vrai, qu'il est légitime d'appliquer ici les prix de l'époque solonienne, puisque c'est Solon qui créa l'eisphora. Mais ce dernier point est loin d'être démontré.

J'ajoute qu'il n'y a pas de motif de prendre le chiffre 12 comme taux de capitalisation. Peu importe que ce fût là le taux usuel de l'intérêt en Attique. Il s'agit, dans l'espèce, de la terre, et la terre ne donnait pas un aussi gros revenu. A en juger par les prix de fermage, on sait qu'elle donnait ordinairement 8 p. 100. C'est donc à ce chiffre qu'il faudrait s'en tenir. M. Beloch n'y a pas manqué; mais il a voulu aboutir tout de même aux chiffres proposés par Böckh pour le capital des trois classes censitaires, et il n'y est arrivé que par des calculs fantaisistes, en évaluant par exemple, sans la moindre preuve, le rendement net du sol à 50 p. 100 du revenu brut.

Enfin le seul texte qui sert de base à la théorie de Böckh est tout à fait suspect. Le lexicographe Pollux y parle d'un talent au sujet des pentacosiomédimnes, d'un demi-talent au sujet des cavaliers et d'un sixième de talent au sujet des zeugites. Mais pour lui ces trois sommes ne désignent pas le capital; elles désignent l'impôt. Le mot qu'il emploie est en effet celui de ἀναλίσκω, et ce terme ne peut être traduit que par « payer, dépenser ». Il ne peut même pas signifier : « payer sur le pied de... »; car Pollux dit des thètes, qui formaient la quatrième classe, et qui étaient affranchis de l'impôt : « Ἀνάλισκον οὐδὲν, ils ne payaient rien[1] ». Or un Athénien de la première classe, qui récoltait 500 mesures de blé à 3 drachmes la mesure, n'encaissait que 1 500 drachmes; il était donc impossible que le fisc lui en réclamât à la fois 6 000. Un texte entaché d'une erreur si forte est dépourvu de toute autorité, et il convient de l'écarter

____

1. Pollux, VIII, 130.

sans hésitation. Mais par cela même on écarte tout le système de Böckh, dont il est l'unique support.

Si rien n'atteste qu'il y ait eu primitivement une marge entre le capital réel et le capital imposable, on n'en saurait dire autant de la période qui suivit l'année 378. A ce moment s'accomplit à Athènes un grave événement; ce fut la reconstitution partielle de la confédération maritime dont elle avait eu l'hégémonie au siècle précédent. Elle voulut approprier ses ressources au rôle que semblait lui présager la restauration de son ancienne puissance, et elle améliora ses finances en même temps qu'elle étendait son action extérieure. De là la réforme de l'eisphora.

Polybe raconte qu'en 378 on fit l'estimation officielle du *timèma* de l'Attique, et qu'il fut fixé à 5 750 talents (33 à 34 millions de francs [1]). Ce renseignement si précis a dû être puisé à bonne source, et il paraît digne de foi, vu surtout l'habituelle véracité de l'historien. D'autre part, Démosthène déclare, dans un discours prononcé en 354, que le timèma atteignait 6 000 talents [2], et la plupart des érudits prétendent que c'est la même somme que dans Polybe, mais exprimée en chiffres ronds. J'ai peine à partager cet avis. Qu'on ajoute en pareil cas quelques unités à un nombre, c'est un procédé usuel et légitime; mais ici l'écart est de 250 talents (1 million 1/2), et on avouera qu'il n'est pas sans importance. Dès lors pourquoi ne

1. Polybe, II, 62, 7.
2. Démosthène, XIV, 19.

pas supposer tout simplement qu'entre les années 378 et 354 il y eut une nouvelle évaluation et qu'elle accusa un accroissement de la richesse publique?

La question est maintenant de savoir si ces chiffres de 5 750 et de 6 000 talents représentent le total ou seulement une partie de la richesse nationale. J'ai tâché de montrer dans mon livre sur la *Propriété en Grèce*, conformément d'ailleurs à l'opinion commune, qu'ils n'en représentent qu'une fraction, et je me borne à rappeler un de mes arguments, le plus décisif à mon gré. Vers la fin du IVe siècle, sur 21 000 citoyens, 12 000 possédaient moins de 2 000 drachmes. « Prenons une moyenne entre ceux qui n'avaient rien et ceux qui avaient 1 999 drachmes, et admettons que les citoyens de cette catégorie avaient l'un dans l'autre 1 000 drachmes. Nous obtiendrons pour l'ensemble 2 000 talents. Défalquons cette somme des 6 000 talents de Démosthène; il restera 4 000 talents à répartir entre 9 000 individus, soit pour chacun 2 640 drachmes. Je demande s'il est croyable que des citoyens qui passaient pour être riches, ou tout au moins dans l'aisance, aient été réduits à un capital aussi insignifiant. Ce n'est pas tout : parmi ces derniers, 1 200 avaient un cens minimum de 2 talents, soit pour eux tous 2 400 talents, si bien que les 7 800 autres, dans l'hypothèse que nous combattons, n'auraient eu en bloc que 1 600 talents, ou 1 230 drachmes par tête. Nous arrivons ainsi, par un calcul mathématique, à ce résultat bizarre que, si vraiment la richesse de l'Attique était égale à 6 000 talents, une multitude de citoyens qualifiés aisés étaient plus pauvres que les citoyens pauvres. »

Une phrase de Démosthène nous révèle le rapport qui existait entre le capital réel et le timèma, ou, en d'autres termes, le capital imposable, et il est clair qu'elle s'applique à chaque individu isolé comme au pays tout entier. « Un timèma de trois talents, dit-il, équivaut à un capital de quinze talents[1]. » Ce langage ne laisse place à aucune équivoque; mais, en vertu de cette opinion préconçue que l'eisphora devait être un impôt progressif, on a soutenu que le rapport de 20 p. 100 n'était vrai que de la première classe et que pour les autres il était moindre. Böckh notamment a imaginé à ce sujet un système d'habiles arrangements qui se résument dans le tableau que voici.

	Capital réel (maximum et minimum).	Proportion.	Capital imposable.
Ire classe.	500 talents 12 —	20 p. 100	100 talents. 2 — 2400 drachmes.
IIe —	11 talents 6 —	16 p. 100	1 — 4 500 — 5 760 —
IIIe —	5 talents 2 —	12 p. 100	3 600 — 1 440 —
IVe —	1 tal. 1/2 2 500 drac.	8 p. 100	720 — 200 —

Par malheur, rien de tout cela n'est dans les documents. Nulle part on n'aperçoit que le cens minimum

1. XXVII, 9.

de la première classe fût de 12 talents, ni qu'il fût de 6 pour la deuxième, ou de 2 pour la troisième. Tout ce qu'on est en droit d'affirmer, c'est qu'un citoyen riche de 15 talents, comme Démosthène, figurait dans la première, et que la catégorie inférieure à la sienne ne descendait pas au-dessous de 2 talents. Quant à l'échelle des proportions, nous n'en connaissons que le degré supérieur, et là le taux était de 20 p. 100. Pour établir que le second était de 16 p. 100, on s'est appuyé sur un texte d'où il ressort que ce taux était celui des étrangers; mais pourquoi veut-on qu'il y en ait eu un pareil pour les citoyens? Le passage de Démosthène que j'ai cité plus haut ne comporte pas le sens restrictif qu'on lui a prêté. Il faut le prendre tel qu'il est, au lieu de l'interpréter arbitrairement, et en conclure qu'on ne taxait que le cinquième des biens, quels qu'en fussent les détenteurs.

Le timèma était considéré comme la propriété de l'État. On l'assimilait à la mise de fonds d'un banquier, et la comparaison eût été très inexacte, si l'État n'avait pas eu, au moins virtuellement, le droit d'y prélever tout ce qu'il lui plaisait. Si le timèma était la part de toute fortune privée dont la société pouvait à tout moment exiger le complet sacrifice, il fallait que la marge fût assez grande entre les deux.

Un exemple emprunté à l'histoire de Florence jettera quelque lumière sur tout ceci. Au xive siècle il y avait dans cette ville une taxe appelée l'*estimo*, analogue à l'eisphora athénienne. Elle frappait le patrimoine de tout citoyen, ou, selon l'expression consacrée, sa « substance ». Mais « on retranchait de cette substance ses frais d'entretien, et une somme de 200 florins par tête pour les personnes à sa charge ». Dans l'évaluation du passif on avait coutume de se montrer extrêmement large. Un certain Rinuccini y inscrivit avec lui « ses fils, les femmes de ses fils, dont une en couches, deux serviteurs, deux servantes, la nourrice, la femme de chambre, le jardinier et sa femme; il ajouta qu'il avait des réparations à faire à ses maisons de Florence et du Comtat, et qu'il devait payer 200 florins par an à ses paysans pour provisions et cheptel, et 130 florins d'or à ses fermiers et à ses commis[1] ». Ce qui restait était la « surabondance » du citoyen, c'est-à-dire son superflu, seul imposable, et le capital réel était beaucoup plus fort. Le timèma était en quelque sorte la « surabondance » des Athéniens.

IV

L'*eisphora*, impôt de répartition. — Les contribuables. — Établissement des *Symmories* en 378. — La perception en régie. — La *proeisphora* depuis 362.

Tout impôt direct peut avoir deux caractères différents. C'est un impôt de répartition, si l'État fixe d'abord la somme qu'il veut encaisser, puis la dis-

1. L. Say, *les Solutions démocratiques de la question des impôts*, I, p. 210 et suiv

tribue entre les contribuables. C'est un impôt de quotité, « si le produit total de la taxe n'est pas connu d'une manière précise » au moment où on l'établit, et si chacun paie « une quote-part déterminée » de son revenu ou de son capital[1]. L'eisphora athénienne paraît avoir été un impôt de répartition. Toutes les fois que les auteurs nous renseignent sur le montant de cette taxe, ils donnent des chiffres ronds, comme 60 ou 200 talents; ce qui ne s'accorde guère avec le premier système. De plus, les termes dont se servent les lexicographes pour désigner, soit le travail qui consistait à taxer les citoyens, soit les personnes chargées de ce soin, impliquent l'idée de répartition plutôt que de quotité.

D'ordinaire, quand il s'agit d'un impôt de répartition, l'autorité suprême de l'État se contente d'arrêter la somme qui sera due par chacune des grandes circonscriptions du pays; dans celles-ci les autorités locales procèdent de même à l'égard des districts secondaires; et, de proche en proche, on finit par atteindre les individus. L'Attique était subdivisée en dèmes. Il eût été, semble-t-il, naturel de faire entre les dèmes une première répartition. Mais, comme la matière imposable était ici le capital tout entier et que d'ailleurs les domaines des particuliers étaient souvent dispersés dans toute la contrée, la loi exigeait que les biens fussent déclarés à la ville. C'est

---

1. P. Leroy-Beaulieu, *Traité de la science des finances*, I, p. 321.

donc à Athènes qu'étaient réunies les matrices des rôles, et c'est là qu'avait lieu la répartition.

Une ligne d'Isocrate laisse entendre que les douze cents individus dont l'avoir égalait au moins 2 talents (12 000 francs) étaient seuls astreints à l'impôt[1]. Cet auteur, en effet, a l'air d'identifier ceux qui supportent l'impôt sur le capital, et ceux qui ont le cens requis pour les *liturgies*. Mais, à examiner le texte de près, on voit qu'il ne parle que des hommes sur qui pèse à la fois ce double fardeau, et il est possible que d'autres, moins fortunés, n'aient eu à subir que le fardeau de l'eisphora. Le langage de Démosthène serait souvent incompréhensible, si la taxe n'avait frappé que douze cents riches. Dans ses discours politiques il développe à satiété cette idée que les circonstances commandent aux Athéniens de servir eux-mêmes dans l'armée et de s'imposer des sacrifices d'argent. « Il faut, dit-il, vous appliquer à la guerre en y contribuant de votre bourse et en prenant une part personnelle aux expéditions.... Montrez que vous avez changé de résolution par votre zèle à verser l'eisphora.... Puisque les recettes du budget se gaspillent en fêtes, vous n'avez plus qu'à décréter une taxe sur chacun de vous[2]. » Ces exhortations s'adressaient à l'assemblée du peuple, où les riches étaient en petite minorité, et il est clair que la foule se serait plus vite rangée à son avis, si la majorité qui décidait

1. Isocrate, XV, 145.
2. Démosthène, 1, 2 et 6; IV, 7.

n'avait rien eu à payer. Du reste on trouve parfois la mention d'individus pauvres qui ont été soumis à cet impôt et qui ont eu beaucoup de peine à se libérer.

S'ensuit-il que tout le monde acquittât l'eisphora, ou bien était-on exempté au-dessous d'un certain capital? Böckh est d'avis qu'en 378 on adopta comme ligne de démarcation la somme de 2 500 drachmes (2 500 fr.), et il en découvre la preuve dans ce fait que les tuteurs de Démosthène déclarèrent son patrimoine « à raison de 500 drachmes sur 2 500 ». Cette expression n'a de sens à ses yeux que si on commençait d'être contribuable à partir de 2 500 drachmes; sans quoi, il y aurait: « à raison d'une drachme sur cinq ». Il est inutile d'insister sur la faiblesse de l'argument. D'ailleurs on verra plus loin que la phrase de Démosthène a une tout autre signification.

Peut-être le chiffre de 2 000 drachmes serait-il plus voisin de la vérité. En 323, Antipater, gouverneur d'Athènes au nom du roi de Macédoine, décida que les droits politiques seraient désormais le monopole des individus qui justifieraient au moins d'un cens pareil; les autres, considérés comme une cause de troubles dans la cité, seraient, s'ils y consentaient, transplantés en Thrace, où on leur promettait des terres. Il se pourrait que ce chiffre de 2 000 drachmes eût marqué jusque-là la limite inférieure de la liste des contribuables. Si cette hypothèse était fondée, ceux-ci auraient été au nombre de 9 000 et les exemptés au nombre de 12 000 [1].

Mais je m'empresse d'ajouter que cette opinion est purement conjecturale, et qu'en réalité nous ignorons quelle était la ligne de partage, et même s'il y en avait une, abstraction faite des indigents. L'exemple de la colonie athénienne de Potidée, qui, ayant voté une eisphora, taxa la personne de chaque citoyen pauvre d'après une valeur imposable de 200 drachmes [2], indique peut-être qu'on répugnait à dégrever complè-tement la basse classe, et Démosthène, lorsqu'il se pro-nonce dans la deuxième *Olynthienne* pour l'établisse-ment d'une eisphora, dit que *tous* auront à la payer.

Les enfants mineurs étaient assujettis à la loi com-mune. Toute association qui possédait un bien indivis acquittait également la taxe. Quand une phratrie louait une terre, elle la cédait généralement à son fermier, libre de toute charge; ce qui veut dire qu'elle prenait l'impôt à son compte. Les dèmes eux-mêmes ne jouis-saient d'aucune immunité; s'ils étaient propriétaires ils payaient comme un simple citoyen. On ne respec-tait que le domaine de l'État, même s'il avait été donné à bail. C'est ainsi que les concessionnaires de mines déduisaient de leur timèma la valeur de leurs exploitations.

Il est d'usage chez les modernes que les étrangers soient assimilés aux nationaux pour tout ce qui touche

1. Diodore, XVIII, 18.
2. Pseudo-Aristote, *Économiques*, II, 2, 5.

l'impôt, et cela est juste, du moment que la loi couvre les uns et les autres de la même protection. Les Athéniens se conformaient à ce principe. Tout étranger domicilié devait l'eisphora. Pour ces individus comme pour les citoyens, la déclaration servait de base à l'évaluation des biens, mais toujours sous le contrôle des magistrats, des particuliers et des tribunaux. La suprême ambition pour beaucoup d'entre eux étant d'acquérir les droits civiques, la plupart affectaient à l'égard du peuple une générosité dont ils espéraient obtenir tôt ou tard la récompense. Une phrase, malheureusement trop vague, de Démosthène, donne à penser qu'ils payaient tous le sixième de leurs biens [1]. Mais l'énormité de la taxe, même en supposant de grosses dissimulations, rend cette assertion suspecte, et l'on a dit que ce sixième est le rapport du capital imposable au capital brut. Il reste pourtant cette difficulté que les étrangers regardaient comme une faveur d'être mis, quant à l'eisphora, sur le même pied que les Athéniens; ce qui serait assez singulier, si la proportion, dans ce cas, s'était élevée du sixième au cinquième. Peut-être jugeaient-ils que le sacrifice était peu de chose en comparaison des avantages qu'ils en retiraient. Être taxé aux mêmes conditions que les citoyens, c'était passer au rang d'*isotèle* et conquérir presque le droit de cité. Le privilège n'était pas acheté trop cher par une légère augmentation de taxe.

---

1. XXII, 61.

L'eisphora des étrangers, ou, comme on les désignait, des *métèques*, offrait encore une particularité. Il est problable qu'elle n'était pas toujours perçue dans les mêmes occasions que celle des citoyens, et que, sans être permanente, elle était parfois plus fréquente. De 347 à 323, deux individus ont eu à l'acquitter chaque année [1], et les Athéniens, dans cet intervalle, ne furent pas astreints à la même obligation. Le produit en fut employé à réparer l'arsenal du Pirée et les loges des navires. C'était là une dépense d'ordre militaire; mais ce n'était pas proprement une dépense de guerre, et il est possible qu'on taxât de préférence les métèques, quand il y avait lieu d'exécuter un travail de cette nature. D'ailleurs on évitait de les surcharger; dans l'exemple que je cite, la somme annuelle à recueillir n'était que de 10 talents (60 000 fr.).

Jusqu'en 378 l'impôt fut réparti entre les contribuables par des agents élus ou nommés au sort, et j'imagine que les contestations étaient tranchées par le jury. Les étrangers avaient aussi les leurs, choisis parmi eux.

En 378, lorsqu'on remania l'eisphora, on créa des groupes de citoyens appelés *symmories*. Tous les Athéniens n'y étaient pas incorporés; on excluait ceux qui ne payaient pas l'impôt. Il règne quelque obscurité sur le nombre de ces sections. On répète volontiers qu'il n'y en avait pas plus de vingt. Démosthène

1. *Corp. inscr. attic.*, II, 270.

donne en effet ce chiffre, mais seulement pour la trièrarchie. L'historien Clidème en compte cent, et, quoiqu'il n'ajoute pas expressément que c'étaient là les symmories de l'eisphora, la chose va de soi. On néglige ordinairement ce témoignage, sous prétexte que l'auteur a confondu les symmories avec les dèmes. Mais Clidème était Athénien; il vivait au IVe siècle, et il n'est pas probable qu'il se soit trompé à ce point, d'autant mieux que de son temps il existait beaucoup plus de cent dèmes en Attique. Quant à Photius, qui nous a conservé cet extrait, nous n'avons pas la moindre raison de penser qu'il l'a mal copié.

Chaque symmorie avait sans doute à l'origine un capital imposable de même valeur et était taxée au même chiffre d'impôt. Mais les oscillations de la richesse, surtout dans une société industrielle et commerçante, la ruine ou la prospérité des individus, la création de nouveaux citoyens, les partages des successions, tendirent peu à peu à rompre l'équilibre établi d'abord entre les groupes, et l'on sentit la nécessité de procéder à la péréquation de la taxe. Deux moyens s'offraient : on pouvait diviser l'eisphora, non plus en fractions égales, mais au prorata du capital de la symmorie; on pouvait aussi reviser périodiquement la composition des symmories, de manière que leur timéma demeurât immuable. Lequel de ces deux partis fut adopté? Je présume qu'on préféra le second; car il semble que les symmories n'étaient pas des cadres fixes et qu'on les reformait assez fréquemment.

Il fallait ensuite arrêter dans la symmorie la quote-part de chaque contribuable. Il y avait encore des agents pour cet office, peut-être les mêmes qui avaient réparti la somme totale entre les diverses symmories. Le principe était celui de la porportionnalité. Démosthène l'énonce nettement dans une de ses harangues [1], et nous ne voyons pas qu'on y ait jamais dérogé. Toutefois les citoyens restaient libres de dépasser leur part. Les Athéniens étaient persuadés que les riches avaient pour devoir d'assumer des suppléments de charges, et les riches, par patriotisme, par vanité, par respect humain, par ambition, s'y résignaient sans trop de peine. Quand Démosthène était mineur, sa symmorie fut une fois taxée à 2 500 drachmes. Par une générosité qui ne leur coûtait rien, ses tuteurs déclarèrent en son nom qu'il en fournirait à lui seul le cinquième. Ils imitaient en cela Timothée, Conon, et les citoyens les plus opulents. Isocrate cite un étranger qui, pour se rendre populaire, ou peut-être simplement par gloriole, s'imposa lui même au delà du taux que comportaient ses facultés. Ces libéralités n'étaient obligatoires pour personne et chacun avait le droit de les éviter. « Mais l'opinion publique était sévère pour ceux qui usaient de ce droit. On trouvait naturel que quelques-uns acceptassent de plein gré un surcroît d'impôt, afin d'alléger le fardeau des autres. Il arrivait ainsi que l'eisphora, sans cesser d'être en théorie

1. Démosthène, II, 31.

proportionnelle, devenait au fond fortement progressive, par le libre consentement des gros censitaires [1]. »

L'impôt fut d'abord perçu en régie par des fonctionnaires tirés au sort. Soit mauvaise volonté, soit insuffisance de ressources, les contribuables se montraient parfois récalcitrants. La loi était alors très dure pour eux ; ils inspiraient au peuple une véritable colère, et on allait jusqu'à les traiter de voleurs. Habituellement leurs biens étaient confisqués et vendus au profit du Trésor. Mais on procédait aussi d'une façon plus sommaire. Pour recouvrer un arriéré de quatorze talents, Androtion fut armé de pouvoirs extraordinaires, dont il usa avec la dernière rigueur. Il pénétrait dans les maisons, accompagné de ces commissaires de police qu'on appelait les *Onze*, et non content de saisir le mobilier, il arrêtait les citoyens eux-mêmes, les injuriait, les traînait en prison, à moins que les malheureux ne parvinssent à se cacher sous les lits ou à s'enfuir par les toits chez les voisins. Démosthène condamne avec force ces excès ; mais Androtion n'en fut point puni ; car il était couvert par un décret du peuple et on lui savait gré d'avoir fait rentrer sept talents. En revanche l'homme qui se hâtait de porter son argent à la caisse publique méritait par là un utile certificat de civisme, et s'il avait plus tard quelque méchant procès, il n'oubliait pas de rappeler

---

1. *Propriété foncière,* p. 531-532.

au juge tel cas où il avait été « un des premiers » à payer l'eisphora.

Ce mode de perception dura jusqu'en 362. A ce moment les Athéniens furent assaillis par de graves embarras. Un tyran de Thessalie, Alexandre de Phères, leur enleva l'île de Ténos. Un prince thrace sollicita leur appui, avec promesse de conquérir pour eux la Chersonèse (presqu'île de Gallipoli). Les Proconnésiens, leurs alliés, imploraient en même temps des secours contre Cyzique, qui les assiégeait. Enfin les navires qui étaient allés charger du blé dans le Pont-Euxin étaient arrêtés au passage, avec leurs précieuses cargaisons, par Byzance et Chalcédoine, si bien que le grain était rare et cher au Pirée. Pour tenir tête à toutes ces difficultés, on décréta une eisphora, et, comme on avait besoin de cet argent sur l'heure, on dressa une liste de citoyens qui seraient contraints de l'avancer à l'État. L'innovation eut un plein succès, et depuis, cet expédient fut la règle.

Parmi les citoyens classés dans les Symmories, les plus riches, au nombre de trois cents, étaient assujettis à la *proeisphora*, c'est-à-dire que, lorsqu'on votait un impôt sur le capital, ils versaient aussitôt la somme totale, sauf à se retourner ensuite vers les autres contribuables. Ce système procurait à la cité le double avantage de mettre immédiatement dans sa caisse le produit intégral de l'impôt et de lui épargner les ennuis de la perception. Par contre, c'était là pour un particulier une corvée fort pénible, qui se traduisait souvent par des pertes d'argent. On pouvait, il est vrai, s'adresser à la justice pour se faire rembourser; mais la ressource était très précaire, étant données les dispositions traditionnelles du juge athénien à l'égard des riches. Il y avait au surplus des situations qui commandaient l'indulgence. Un individu honnête et de condition aisée se ruinait brusquement; quelle voie de rigueur employer contre lui, s'il était insolvable? Un autre tombait aux mains de l'ennemi et rachetait sa liberté au prix d'une grosse rançon; était-il humain de le poursuivre après tant de souffrances et de sacrifices?

Pour comble de malheur, un citoyen, même appauvri, n'était rayé de la liste des Trois Cents qu'après avoir découvert quelqu'un qui fût en état de le remplacer. Si ce dernier refusait de se prêter à cette substitution, le tribunal examinait lequel des deux adversaires était le plus riche. Vaincu, le défendeur avait le choix entre deux alternatives : il était libre de se soumettre au devoir civique, à la *liturgie* qu'il avait déclinée, ou bien il échangeait sa fortune contre celle de son rival, qui restait chargé de la *proeisphora*. Généralement on s'arrêtait au premier parti.

V

Place de l'*eisphora* dans le système fiscal d'Athènes. — Comparaison de l'*eisphora* et des *liturgies*. — Influence du système sur la politique intérieure et extérieure.

Cette étude serait incomplète, si nous ne recherchions, en terminant, quelle était la place exacte de l'impôt sur le capital dans le système fiscal des Athéniens.

Pendant la guerre de Péloponnèse, le chiffre le plus haut qu'on nous signale est celui de 428, qui s'éleva à 200 talents (1 200 000 francs). C'était le sixième environ du budget des recettes. Il est possible qu'après la désastreuse expédition de Sicile, quand l'empire maritime d'Athènes se disloqua et que les tributs des alliés cessèrent d'affluer, il ait été perçu des sommes plus fortes; mais aucun auteur ne nous les fait connaître. Toutefois, lorsqu'on voit dans un pays où les fortunes étaient médiocres un individu payer d'un seul coup un demi-talent (3 000 francs) et peu après deux tiers de talent (4 000 francs)[1], on est fondé à croire que l'impôt était excessivement lourd.

Une réserve pourtant est ici nécessaire. Pour mesurer avec précision l'étendue des sacrifices que l'État réclame des citoyens, il faut envisager non pas le capital, même quand c'est lui qui est taxé, mais le revenu; car c'est de leur revenu que les particuliers

---

1. Lysias, XXI, 3.

tirent leurs contributions. Or à Athènes le capital était plus productif que chez nous. En France le taux des fermages, pour les terrains de première catégorie, est de 3 1/2 p. 100; en Attique le rapport ordinaire entre la valeur vénale de la terre et le prix de fermage était de 8 p. 100. L'industrie procurait couramment un bénéfice de 12 à 20 p. 100. Quant à l'intérêt de l'argent, il variait entre 12 et 16 p. 100, et, s'il y avait des risques sérieux, comme dans les prêts maritimes, il atteignait et dépassait même 30 p. 100. Démosthène fait allusion à des mineurs dont la fortune, sagement administrée, doubla ou tripla en peu d'années. L'eisphora aurait donc pu, sans trop d'inconvénients, monter bien au-dessus du taux que ne devrait pas franchir aujourd'hui un impôt analogue, d'autant plus que les impôts indirects étaient insignifiants.

Mais il arriva que l'ennemi s'installa en permanence au cœur de la contrée, de sorte que la culture du sol et l'exploitation des mines furent à peu près interrompues. L'industrie déclina; le commerce extérieur disparut presque, parce que la mer n'était plus libre et que la plupart des cités étaient hostiles, et ainsi c'est au moment où l'on gagnait le moins d'argent que le fisc en exigea le plus. De là souvent l'obligation d'entamer largement son capital.

En outre, l'eisphora n'était qu'une des charges du patrimoine; celui-ci était encore soumis aux prestations très dispendieuses des liturgies. L'État athénien avait coutume de rejeter sur les particuliers certaines dépenses qui normalement incombaient au budget. Fallait-il célébrer une fête, représenter une tragédie ou une comédie, régaler la multitude dans un banquet gratuit, équiper une flotte, ce n'était pas l'État qui fournissait les fonds, c'étaient les riches. Quand on avait au moins deux talents de fortune, on n'avait pas le droit de fuir ces diverses corvées ; on était même tenu d'aller au-devant, et on donnait une mauvaise opinion de soi dès qu'on se dérobait ou qu'on lésinait. « Comment espères-tu te concilier la faveur des juges ? disait un plaideur à son adversaire. As-tu rempli plusieurs liturgies ? T'es-tu imposé dans l'intérêt public de gros sacrifices pécuniaires ? As-tu été triérarque ? As-tu versé des contributions considérables ? Non, tu n'as rien de tout cela à ton actif[1] ». Ce moyen de chantage était perpétuellement usité dans les procès, et le peuple l'encourageait de son mieux parce qu'il en profitait. Quel avantage, au contraire, quand on pouvait se rendre ce témoignage qu'on s'était appauvri ou ruiné pour la cité ! Le cas n'était pas aussi rare qu'on le croirait. Nous connaissons des gens qui, dans l'espace de quelques années déboursèrent 38 000 et 53 000 francs en liturgies[2]. Sans doute quelques-uns faisaient du zèle et dépensaient beaucoup plus qu'ils n'auraient dû ; mais qu'importe, si les mœurs renchérissaient sur les lois ? On avait beau être accablé ; on n'osait pas s'en plaindre ostensiblement ; on fei-

1. Isée, V, 45.
2. Lysias, XIX, 42-43 ; XXI, 1-5.

gnait même de s'en réjouir. Mais quand on était plus sincère ou moins timoré, on s'irritait d'un fardeau si pesant, et Isocrate exagérait à peine en prétendant que tous ces ennuis rendaient l'existence du riche plus malheureuse que celle du pauvre[1].

Le poids des liturgies dépassait notablement le poids de l'eisphora, et pourtant c'était peut-être l'eisphora qu'on subissait avec le plus d'impatience. Un homme qui armait un beau navire de guerre où qui organisait un magnifique spectacle en était récompensé au moins dans son amour-propre. Pendant quelques jours la cité avait les yeux sur lui ; son nom courait de bouche en bouche ; on vantait sa générosité, son patriotisme, et il recevait en plein visage des compliments qui flattaient sa vanité. Pour l'eisphora, rien de pareil. On allait chez le percepteur ; on en revenait allégé d'argent ; et personne ne s'en doutait, personne ne songeait à exalter cet acte de désintéressement. Le sacrifice n'avait pour témoin qu'un agent du fisc, lequel avait autre chose à faire que de féliciter les contribuables. L'impôt en était singulièrement alourdi, et il paraissait plus agréable de vider sa bourse par la voie liturgique.

Quelle que fût la route que prenaient les drachmes, on ne s'apercevait que trop de leur fuite, et il en résultait un vif mécontentement. Or ceci entraîna de graves conséquences politiques. On sait combien furent

____

1. VIII, 128.

funestes à Athènes les discordes dont elle fut troublée
vers la fin de la guerre de Péloponnèse. Alors que
l'union de tous eût été indispensable pour lutter avec
chance de succès, une faction naquit, dont l'unique
souci était de détruire le régime démocratique et de
conclure la paix. Sa composition même nous éclaire
sur la nature de ses griefs. Elle se recruta parmi les
riches, c'est-à-dire parmi ceux qui souffraient le plus
des ravages de la guerre et de l'excès des dépenses.
Atteints dans leurs intérêts matériels par les fautes du
parti dominant, ces hommes finirent par entrer en
hostilité ouverte contre les institutions nationales, et
se firent, volontairement on non, les complices des
Lacédémoniens. Les iniquités fiscales tuèrent en eux
l'esprit de loyalisme et affaiblirent leur patriotisme.
Ils réussirent à opérer une révolution qui leur livra le
pouvoir en 411; mais ils ne le gardèrent que quelques
mois. Il se produisit là une série d'événements désas-
treux pour Athènes. Ils dévoilèrent et accrurent encore
l'état d'anarchie morale où se débattait la république;
ils envenimèrent les haines qui divisaient les citoyens;
ils ajoutèrent aux préoccupations militaires, qui
auraient dû être les seules du moment, celles qu'engendre la peur des complots, et ils montrèrent à
Sparte qu'elle avait des alliés secrets jusque dans le
camp ennemi. Leur connivence ne lui fut pas inutile,
lorsqu'elle asséna les derniers coups à sa rivale. On
n'a qu'à lire dans l'*Histoire grecque* de Curtius les
intrigues des aristocrates, de ce parti « peu nombreux,

mais compact, qui ne tenait pas à l'indépendance de la cité, et qui s'entendait avec les Lacédémoniens, parce qu'il avait besoin d'eux pour asseoir sa domination sur les ruines de la démocratie ». C'est lui qui travailla à décourager le peuple et à lui ôter toute espérance ; c'est lui qui traita avec Lysandre, le général de l'armée spartiate ; c'est lui, qui, après la paix, reçut du vainqueur la mission de gouverner ou plutôt d'opprimer Athènes. Son rôle dans ces tristes conjonctures fut odieux ; mais un régime qui suscite contre lui d'aussi ardentes animosités n'est pas non plus à l'abri de tout reproche.

Au IVᵉ siècle le capital continua d'être frappé par l'eisphora et par les liturgies. On n'eut pas alors à traverser une crise comparable à celle du siècle précédent, et par conséquent, le taux de l'impôt de guerre se maintint à un niveau plus bas. Quelques érudits se sont figuré qu'en 378 il y eut une eisphora de 300 talents ; mais cette assertion ne se justifie que par une correction arbitraire d'un texte de Démosthène. En réalité ces 300 talents s'échelonnèrent sur une période de vingt-deux années ; ce qui fait une moyenne annuelle de 86 000 francs. Il est probable qu'ordinairement on allait de 60 à 120 talents [1]. Comme le capital imposable de l'Attique était de 6 000 talents et le capital réel de 30 000, l'eisphora représentait 1 ou 2 p. 100 du premier et 0,20 ou 0,40 p. 100 du second.

1. Démosthène, III, 4 ; XIV, 27.

Durant les dix années de sa minorité, Démosthène versa en tout 18 mines (1 800 fr.), sur un capital déclaré de 15 talents (90 000 fr.), c'est-à-dire qu'il fut taxé à raison de 2 p. 100 de la valeur de ses biens[1], et il fut très surchargé par rapport aux autres citoyens. 2 p. 100 en dix ans équivalent à 2 p. 1000 par an. L'eisphora n'avait donc rien d'exorbitant à cette époque, surtout si l'on se rappelle combien le capital était rémunérateur et combien les impôts indirects étaient légers.

Il est vrai que les liturgies venaient s'y ajouter. Malgré les atténuations qu'on apporta à ces prestations, elles restèrent fort lourdes, plus lourdes en tout cas que l'eisphora. J'ai calculé ailleurs qu'au cours de sa minorité Démosthène déboursa à cet effet une moyenne de 575 francs par an, soit plus du triple de ce que lui coûta l'impôt sur le capital, et ce qui les faisait paraître encore plus onéreuses, c'est que l'immense majorité des citoyens y échappaient[2].

Parmi elles il y en avait une qui était en corrélation étroite avec l'eisphora, c'était la triérarchie. On n'armait une flotte, comme on ne frappait le capital, que pendant la guerre. Tout le monde, sauf les indigents, était donc intéressé au maintien de la paix, les simples bourgeois, parce qu'ils payaient la taxe de guerre, les riches parce qu'ils payaient à la fois la taxe de guerre et les frais de la triérarchie. Or ce fait

1. XXVII, 37.
2. 1 200 citoyens sur 21 000 y étaient assujettis.

exerça une grande influence sur la politique étrangère, qui était dirigée par ceux-là mêmes qui votaient l'impôt, je veux dire par l'assemblée générale des citoyens.

Sauf de rares exceptions, les Athéniens semblèrent désormais se replier sur eux-mêmes et renoncer à prendre aucune initiative hardie au dehors. Ils eurent en Grèce une attitude timide, hésitante, et l'on sait les difficultés que Démosthène éprouva pour secouer leur apathie. On aurait tort d'imputer ce changement à une cause unique; il s'explique toutefois, en partie, par leur répugnance à payer de leur personne et de leur bourse. « Jadis, disait l'orateur, vous avez défendu contre Lacédémone les intérêts helléniques; vous étiez empressés alors à acquitter l'eisphora et à vous enrôler, tandis qu'aujourd'hui, quand vos propres intérêts sont en jeu, vous reculez devant tout sacrifice pécuniaire, et vous hésitez à vous mettre en campagne [1]. » Ces paroles nous livrent le secret de leur mollesse. Toute action énergique au loin entraînait des dépenses qui ne pouvaient être couvertes que par des saignées faites au capital de chacun, et les Athéniens, pour préserver leur fortune contre tout appel de fonds, évitaient les occasions de dépenser. Il ne fallait rien moins que l'imminence d'une catastrophe pour les y décider; car dans ce cas on n'avait que le choix entre la perte totale et une diminution

---

1. Démosthène, II, 24.

partielle de ses biens. En temps normal on se confinait dans une espèce de recueillement où l'on ne songeait guère à réparer ses forces; on s'abandonnait au *far-niente* des peuples en décadence; on rétrécissait de plus en plus son horizon; on obéissait aux suggestions d'une politique à courtes vues qui s'interdirait d'interroger l'avenir, et tout cela dérivait, dans une large mesure, des défauts de l'organisation financière.

L'impôt sur le capital, aggravé par les liturgies, avait au ve siècle incliné les riches vers la paix et les avait poussés à l'insurrection, à la trahison même. Au ive il ne compromettait pas la tranquillité intérieure; mais, en rendant plus sensibles aux contribuables les charges militaires, il inspira aux Athéniens une telle horreur de la guerre qu'ils ne se risquèrent à combattre leur grand ennemi, Philippe de Macédoine, qu'au moment où il était trop tard pour triompher de lui.

IV

LA POPULATION EN GRÈCE [1]

I

Natalité des esclaves. — Immigration. — Nombre.

Dans les républiques helléniques on distinguait en général trois catégories de personnes, les esclaves, les étrangers et les citoyens.

Il semble que les maîtres auraient dû encourager leurs esclaves à procréer ; car tout esclave qui naissait dans la maison était un capital fourni gratuitement par la nature, au même titre qu'un poulain, un veau ou un agneau, et, de même qu'un éleveur s'enrichit par la fécondité de son bétail, de même aussi une esclave prolifique pouvait être une source de profits. Il y avait en Grèce des gens qui spéculaient là-dessus : témoin ce Gellias d'Agrigente, qui montrait avec plaisir à ses hôtes les enfants que lui donnaient ses

1. *Revue de Paris*, 15 octobre 1904.

esclaves. Mais il est douteux que cet exemple ait été partout suivi. Divers indices tendent à établir que l'on s'efforçait plutôt de restreindre la natalité de cette classe. Au lieu de rapprocher les deux sexes, on avait soin de les séparer, surtout la nuit, et on ne tolérait leurs accouplements que de loin en loin : « Nous ne devons pas permettre, dit Xénophon, que nos esclaves aient des enfants sans notre agrément »[1]. C'était là une faveur qu'on accordait à ceux dont on tenait à récompenser ou à stimuler le zèle, et si, malgré toutes les précautions, il survenait au maître par cette voie plus d'esclaves qu'il n'en voulait, il n'hésitait pas à les supprimer.

Cette répugnance, si singulière au premier abord, pour les naissances serviles s'explique aisément. L'esclave n'avait de prix que s'il était en état de travailler. Tant qu'il était dans l'enfance, il ne rapportait rien et il dépensait. Il en était de lui comme des animaux, qui pendant quelque temps ne sont guère qu'un capital en espérance. Mais pour ceux-ci cette période d'attente est assez courte; pour les esclaves elle durait plusieurs années. Un esclave n'était vraiment productif qu'à l'âge adulte, et, si dès l'adolescence on le mettait à l'œuvre, il est clair qu'il rendait encore fort peu de services.

Avant 1848, le Conseil colonial de la Guadeloupe estimait « qu'un noir de douze ans avait coûté à son

---

1. *Économique*, IX, 5.

propriétaire cinq fois plus qu'il ne valait et le double de ce qu'il devait valoir à vingt-cinq ans ». Cette assertion est probablement exagérée; mais il ne faudrait pas, d'autre part, tomber dans l'excès opposé, et dire, comme on l'a fait, que les frais d'entretien des jeunes esclaves se réduisaient à rien. Nous avons la preuve qu'en 329 avant J.-C., chaque esclave public entraînait pour le trésor athénien une dépense annuelle de deux cents francs, sans parler du logement, et qu'à Délos, vers l'année 180, on comptait pour la nourriture une moyenne de cent vingt francs et pour les vêtements une moyenne de quinze francs [1]. Si l'on prend le tarif de Délos, qui est le plus faible, et qu'on le diminue des quatre cinquièmes pour les esclaves de un à douze ans, on verra que ceux-ci, au moins depuis leur sevrage, occasionnaient environ trente-neuf francs de frais par an, et cela sans compensation, puisqu'ils demeuraient forcément inactifs. C'était donc à peu près quatre cents francs qu'on était obligé de risquer avant qu'un esclave fût en mesure de rien gagner, et souvent on sacrifiait cette somme en pure perte, car la mortalité devait être considérable parmi ces enfants. Or les esclaves achetés revenaient beaucoup moins cher. Pour un prix approximatif de deux cents francs, on pouvait avoir un esclave ordinaire; parfois même, quand cette marchandise abondait au lendemain de quelque guerre, on s'en pro-

---

1. Voir *la Main-d'œuvre industrielle en Grèce*, p. 190, et Francotte, *l'Industrie dans la Grèce ancienne*, II, p. 324.

curait à un taux inférieur. Aussi jugeait-on préférable de les acquérir déjà adultes plutôt que de les faire produire à domicile.

Nous avons un témoignage positif de la rareté des esclaves « nés à la maison ». Le hasard nous a conservé une foule d'actes d'affranchissement, où est indiquée l'origine des individus qu'on libère de la servitude. Dans plusieurs la liberté est accordée simultanément à une femme et à ses enfants . Or, presque toujours, la femme n'a qu'un fils ou une fille, et c'est par exception que le nombre des enfants monte à deux, trois ou quatre. Il est vrai que ces familles ne sont peut-être pas toutes au complet; néanmoins les exemples sont assez fréquents pour justifier une conclusion générale.

Malgré cette limitation systématique des naissances, les esclaves pullulaient. La guerre, la piraterie, d'autres causes encore les multipliaient à l'infini, et on ne remarque pas qu'ils aient jamais manqué sur les marchés. On les recrutait en Grèce et surtout à l'étranger, si bien que ce trafic avait pour effet d'enfler constamment la population des cités par l'immigration. Mais l'affluence des esclaves dépendait des besoins du pays. Aujourd'hui, quand un homme s'expatrie, il s'en va souvent à l'aventure, et il peut arriver qu'il aille dans une contrée où sa présence était inutile. Les esclaves, au contraire, étant achetés, ne vont que là où on les appelle, et on ne les appelle que si l'on y trouve un avantage.

Lorsqu'un individu était riche, il aimait à s'entourer d'une foule de serviteurs. Partout le travail domestique était accaparé par les esclaves, et il se compliquait à mesure qu'on avait plus de fortune. Il embrassait des besognes qui, de nos jours, en sont détachées, telles que la boulangerie, le tissage des étoffes, la confection des vêtements, et dans chaque partie du service il y avait un véritable gaspillage de main-d'œuvre. Des petits ménages, qui chez nous n'auraient certainement pas l'idée de se pourvoir d'une « bonne », avaient un ou plusieurs esclaves. Le philosophe Aristote, sans vivre dans l'opulence, n'en avait pas moins de neuf, non compris les enfants. Par dédain des occupations manuelles, peut-être aussi par désir de paraître, on en réunissait chez soi le plus possible, au risque de se priver un peu sur quelque autre article de son budget, et on s'efforçait de mettre en pratique le précepte de Démocrite : « Use des esclaves comme des membres du corps, un pour chaque chose. » De toutes les formes du luxe, celle-là était la plus prisée et la plus répandue.

On sait, sans qu'il soit nécessaire d'insister, le rôle que jouaient les esclaves dans l'agriculture, l'industrie et le commerce. Si parfois on a eu le tort de méconnaître l'importance du travail libre dans les sociétés antiques, il reste vrai qu'une large place, une place prépondérante peut-être, était réservée au travail servile. L'esclave était aussi indispensable au propriétaire foncier que les bœufs de labour et les instruments aratoires. C'est par les esclaves que les mines étaient exploitées. Ils remplissaient les boutiques, les ateliers, les comptoirs, les navires marchands. Aucune profession, depuis les plus relevées jusqu'aux plus humbles, ne leur était fermée, et on les regardait comme les agents, sinon exclusifs, du moins essentiels, de la production.

Cette institution se prêtait, avec une merveilleuse souplesse, aux combinaisons les plus variées. Il y avait des individus qui possédaient tous les esclaves dont ils avaient besoin; tel était le cas du père de l'orateur Lysias, qui laissa à ses héritiers une fabrique d'armes garnie de cent vingt ouvriers. D'autres, au lieu d'affecter une partie de leurs capitaux à cet objet, aimaient mieux prendre des esclaves en location, les embaucher quand ils avaient du travail, et les renvoyer dans les moments de chômage. Parmi les loueurs de main-d'œuvre qu'on nous signale à Athènes, figure Nicias, qui tirait de là un bénéfice net de cent soixante francs par jour. Enfin certains maîtres autorisaient leurs esclaves à travailler pour leur propre compte, en n'exigeant d'eux que le versement d'une redevance journalière de tant par tête.

Par l'esclavage, une cité augmentait à sa guise le nombre de ses habitants. Mais, comme la plupart des esclaves arrivaient du dehors et que tout esclave importé supposait une dépense d'argent faite par un particulier, ce procédé n'était de mise que dans les États riches. Un individu ne doublait son personnel domestique que s'il en avait les moyens. Un négociant, un industriel ne se procurait de nouveaux ouvriers que si ses affaires s'étendaient. L'accroissement de la population par les esclaves était donc un signe de prospérité, comme chez nous l'extension et l'amélioration de l'outillage.

L'histoire de la Grèce est caractérisée par l'essor économique qui commença au viiie siècle avant Jésus-Christ pour ne plus s'arrêter qu'au ive. Dans le principe, la Grèce n'était guère qu'une contrée agricole ; mais peu à peu un changement s'accomplit. La configuration du pays, les qualités de la race, l'état social et politique, tout concourut à la tourner vers l'industrie, le commerce, la navigation, la colonisation, et partout naquirent des villes qui, comme Milet, Chalcis, Corinthe, Égine, et plus tard Athènes, trouvèrent dans ces voies nouvelles la richesse et l'éclat. Il se produisit là, en petit, un phénomène comparable à celui dont les peuples modernes ont tour à tour donné le spectacle. Toutes les sociétés progressives ont suivi cette marche, et la Grèce en cela ne fit qu'obéir à une loi de l'humanité.

De nos jours, le machinisme peut suppléer à l'insuffisance des bras et fournir autant de forces auxiliaires qu'il en faut. Les Grecs n'avaient pas cette ressource. La science n'était pas encore assez avancée pour multiplier à volonté les moyens mécaniques, et c'était l'homme qui devait, à lui seul, exécuter toute la besogne. De là le développement graduel de l'esclavage. Ce fut une ville maritime, Chio, qui la première introduisit chez elle des esclaves d'origine exotique. Son exemple fut imité par les cités qui avaient des besoins analogues, et ainsi se forma un courant régulier d'immigration qui, de tout l'Orient, amena en Grèce un supplément de travailleurs. Les seuls États qui échappèrent à cette innovation, du moins jusqu'au IV° siècle, sont ceux qui, comme la Béotie, la Phocide, la Locride et la majeure partie du Péloponnèse, restèrent étrangers à l'évolution économique dont j'ai parlé.

Une autre cause favorisa le progrès numérique de la classe servile. Il est remarquable que les citoyens perdirent de plus en plus leurs habitudes laborieuses. Primitivement, personne ne méprisait le travail manuel, et on voyait même des fils de rois faire œuvre d'artisan. Dans la suite, au contraire, il arriva que l'aristocratie d'abord, puis la bourgeoisie riche, et finalement le peuple, répugnèrent de plus en plus au travail[1]. Cette tendance s'observe ordinairement dans les pays esclavagistes, et ce n'est pas là une des conséquences les moins funestes de cette institution. Elle fut accentuée dans le monde hellénique par les nécessités militaires qui arrachaient constamment l'individu à ses affaires pour l'envoyer à l'armée, par l'attrait de la politique qui parfois l'absorbait tout entier, par la diversité des secours et

---

1. Voir ci-dessus p. 41 et suiv.

indemnités pécuniaires que l'État distribuait et qui
étaient autant de primes à l'oisiveté. Or, chaque fois
qu'un homme libre désertait le travail, un esclave
prenait sa place. Si l'on avait à ce sujet de bonnes
statistiques, on constaterait, de siècle en siècle, un
déplacement lent peut-être, mais continu, de la
main-d'œuvre, un recul incessant des ouvriers et
des employés libres devant les esclaves. Le champ
d'activité, de plus en plus rétréci pour les premiers,
s'élargissait de plus en plus pour les seconds, et il
fallait que les marchands de chair humaine alimen-
tassent sans interruption ce foyer d'appel toujours
ouvert.

Les documents nous signalent dans quelques cités
la présence d'une masse énorme d'esclaves, 400 000
en Attique, 460 000 à Corinthe, 470 000 dans la petite
île d'Égine. Mais il est évident que ces chiffres sont
faux; comment admettre en effet qu'abstraction faite
de la population libre, Égine ait compté 4 700 habitants par kilomètre carré, Corinthe 522 et l'Attique 150 ? Le malheur est que nous ignorons dans
quelle mesure ils le sont. Ceux qu'on a essayé de
leur substituer ne sont pas moins arbitraires, et
c'est par pure hypothèse qu'on attribue à l'Attique
100 000 esclaves, à Corinthe 60 000 et à Égine 70 000.
Le premier surtout paraît beaucoup trop faible, lorsqu'on réfléchit que la plupart des familles athéniennes
étaient servies par des esclaves, que certaines en
possédaient plus de cinquante, et que des textes

dignes de foi mentionnent des patrons qui en avaient jusqu'à six cents et même mille. De l'ensemble des témoignages se dégage cette impression que les esclaves abondaient partout où le travail était très intense; mais la natalité n'y était pour rien. Si cette classe augmentait dans un pays, ce n'était pas à cause de la fécondité des mères et de l'excédent des naissances, c'était parce que ce pays était riche et qu'il tirait de l'étranger une multitude de bras. Le nombre des esclaves était en rapport avec la fortune publique, parce qu'on ne les acquérait que là où on pouvait les payer et les occuper.

II

Les affranchis. — Leur nombre en rapport avec la richesse générale. — Natalité.

L'esclave sortait souvent de la servitude. Cet avantage lui était conféré par son maître, tantôt du vivant de celui-ci, tantôt par testament, et la concession en était ou bien gratuite, ou bien subordonnée au paiement d'une rançon. Il arrivait parfois, mais très rarement, que l'esclave était libéré soit par la loi, soit par une décision de l'autorité publique.

On devine sans peine que la classe des affranchis avait de l'importance, surtout dans les États riches. D'abord c'était là, on l'a vu, que s'accumulaient les esclaves, et il va de soi qu'il y avait une relation

numérique entre ces deux sortes de gens. En outre,
dans un pays prospère, l'esclave avait plus de chances
qu'ailleurs d'amasser le prix de sa rançon.

Il est difficile d'apprécier jusqu'à quel point la pratique de l'affranchissement affectait le chiffre total de
la population d'une cité. La première idée qui se présente à l'esprit, c'est qu'elle le laissait intact. L'élé-
vation d'un esclave à la dignité d'homme libre était
ici indifférente, puisque l'individu, après comme
avant sa promotion, ne comptait jamais que pour
un. Au surplus, le maître stipulait volontiers que
l'affranchi lui continuerait pendant quelque temps
ses services, si bien que provisoirement ce dernier
conservait sa position de la veille. Mais les choses
ne se passaient pas toujours de cette manière. Il était
assez usuel que le maître octroyât d'emblée une
liberté complète et que l'affranchi obtînt, suivant
l'expression consacrée, le droit « de faire ce qu'il voulait et d'aller où il voulait ». S'il en profitait pour
s'établir au dehors, il amoindrissait d'une unité la
population de l'État qu'il quittait, et à la longue il
pouvait se faire que ces départs la diminuassent sensiblement. La question est donc de savoir si cette
éventualité était très fréquente. Or l'affranchi n'était
guère enclin à se déplacer. S'il émigrait dans une
cité voisine, il y retrouvait la même condition,
puisque partout l'étranger et l'affranchi étaient traités
pareillement. Il est vrai qu'il échappait alors à l'autorité de son ancien maître; mais cette autorité était

une protection plus encore qu'une charge, car le maître avait le devoir de l'assister, de l'aider à gagner sa vie, et souvent il l'employait lui-même ou lui procurait du travail. L'affranchi perdait cette garantie au delà de la frontière, et c'est pourquoi il se gardait habituellement de la franchir.

Loin de réduire la population, l'affranchissement servait à l'accroître. Supposez un homme qui se sépare par ce procédé d'une partie de ses esclaves. A moins de restreindre son train de maison ou ses affaires, il sera obligé d'en acheter un nombre égal, et il le fera d'autant plus qu'il aura, par la vente de de la liberté, réalisé un plus fort bénéfice. Le vide formé par la libération d'un esclave était donc immédiatement comblé. Pour un affranchi que l'on congédiait, on acquérait un nouvel esclave, et chaque fois c'était un être humain de plus qui pénétrait dans le pays.

L'affranchi, n'étant pas citoyen, ne pouvait pas posséder d'immeubles, si ce n'est par autorisation spéciale du peuple. Mais il pouvait s'occuper de commerce et d'industrie, et par ce moyen parvenir à une honnête aisance ou même à la fortune. On en cite beaucoup qui exerçaient des métiers lucratifs et dont le rang social était assez haut ; ils semblent notamment avoir eu presque le monopole des opérations financières. Or, en ce cas, ils faisaient comme tout le monde : ils achetaient, eux aussi, des esclaves, soit pour le service domestique, soit pour leurs ateliers et leurs bureaux, et ainsi ils étaient à leur façon des agents d'immigration, puisqu'ils appelaient à eux tout un personnel désormais indispensable à leur profession et à leur bien-être.

Ce n'est pas tout. Dans la classe servile, la natalité était sans cesse entravée par le maître, qui ne voulait pas avoir à sa charge des bouches inutiles. Cet obstacle disparaissait pour l'affranchi. Du jour où un individu était déclaré libre, sa fécondité n'était limitée que par sa propre volonté, et non plus par celle d'autrui, et il est probable qu'il n'y apportait pas les mêmes restrictions. Il était naturel que cet homme eût le désir de fonder une famille et de se procurer les joies de la paternité. Il lui fallait avoir des enfants pour être certain de recevoir après sa mort ces honneurs funèbres auxquels les anciens attachaient tant de prix. S'il était pauvre, il tirait parti de leur travail et se ménageait en eux une ressource pour sa vieillesse. S'il était riche, il se croyait intéressé à laisser des héritiers directs ; sans quoi, le fruit de ses épargnes passait de droit à son ancien maître. Tout l'engageait en un mot à éviter la stérilité, qui auparavant lui était presque imposée, et la population s'en ressentait.

III

Les étrangers. — Leur affluence dans les États de grande richesse mobilière. — Comment ils contribuèrent à accroître la population.

Les étrangers domiciliés ou métèques tenaient une large place dans la plupart des cités; c'étaient des gens qui avaient abandonné sans esprit de retour leur pays d'origine. Leur situation juridique était à peu près identique à celle des affranchis. Comme la loi leur refusait le droit de propriété immobilière, ils se consacraient forcément à l'industrie et au commerce, et ils fournissaient non seulement des ouvriers, des artisans, des matelots, des marchands de détail, mais encore des chefs d'entreprise, des armateurs, des banquiers et des négociants. Ils se rendaient de préférence dans les cités qui pouvaient offrir un aliment à leur activité et à leurs spéculations, c'est-à-dire dans les ports de mer, les centres de grande production et les villes de gros trafic. La remarque que nous avons faite au sujet des esclaves s'applique également à eux; ils étaient d'autant plus nombreux dans un État que cet état était plus prospère; leur affluence allait de front avec la richesse.

A Athènes, par exemple, on voit que vers la fin du v⁰ siècle avant Jésus-Christ, les métèques, avec les affranchis, atteignaient le chiffre de 100 000 âmes contre 120 000 citoyens, soit la proportion de cinq à six. Ce chiffre baissa dans le siècle suivant; néanmoins, en 309, on comptait un métèque pour deux citoyens. Les étrangers n'étaient pas uniformément répartis sur le territoire de l'Attique; ils s'installaient le plus volontiers à Athènes et au Pirée. Sur 246 métèques, dont la résidence nous est indiquée, 87 logeaient à la campagne et 159 habitaient la ville ou son annexe maritime. Cela montre bien la nature de leurs professions[1].

L'aversion de Platon pour la fortune mobilière se traduit par une hostilité toute pareille envers les immigrés. Dans la république de ses rêves, il tolère la présence de ceux-ci, parce qu'il faut évidemment que quelqu'un exerce les métiers interdits aux citoyens; mais il exige qu'ils partent au bout de vingt ans avec tout ce qu'ils possèdent, et si, avant ce délai, ils dépassent une certaine somme de richesse, ils devront s'en aller dans les trente jours. Cette mesure a pour objet essentiel d'empêcher l'accumulation des capitaux. La chose est si vraie que, lorsqu'un étranger ne séjourne pas et vient simplement en touriste, Platon recommande de le bien accueillir.

Sparte était un État continental, plus soucieux de maintenir sa prépondérance militaire et ses vieilles institutions que de s'enrichir; aussi se montrait-elle peu hospitalière pour les étrangers. Contre eux, elle employait fréquemment le procédé brutal de l'expul-

1. Clerc dans le *Dictionnaire des antiquités*, III, p. 1883.

sion. Elle les autorisait à pénétrer chez elle au moment des fêtes et à y demeurer quelques jours; mais il ne semble pas qu'elle leur ait permis de s'y fixer. On n'a pas la moindre preuve de l'existence en Laconie d'une classe de métèques. C'est tout au plus si l'on y aperçoit de rares individus de cette espèce.

Quel contraste avec les cités dont le développement économique était plus avancé! Là on ne se contentait pas d'ouvrir la frontière toute grande aux étrangers; on les invitait à entrer et on s'appliquait à les garder. Nulle part cette politique ne se manifeste avec autant de netteté qu'à Athènes. « Notre cité, dit un écrivain du vᵉ siècle avant J.-C., a besoin de métèques à cause de sa marine et de la multiplicité de ses métiers. » C'est de cette pensée que s'inspira toujours le parti progressiste : Solon, Pisistrate, Thémistocle, Périclès furent tous favorables aux étrangers qui apportaient en Attique soit des capitaux, soit certaines aptitudes professionnelles. Ils n'étaient pas arrêtés par la crainte de susciter des concurrents aux citoyens; ils estimaient que plus il y aurait de travailleurs, mieux cela vaudrait. D'ailleurs, s'il est vrai, comme je l'ai déjà noté, que les citoyens prirent de plus en plus le goût de l'oisiveté, il fallut bien que la classe des métèques, avec celle des esclaves, les suppléât, et de fait on remarque qu'il y eut, à partir du ivᵉ siècle, un empiétement graduel à la fois du travail servile et du travail des étrangers.

Il existait à Athènes une foule d'usages profitables

aux métèques, On leur accordait une entière liberté
d'allure et de langage, et un conservateur déplorait
que rien extérieurement ne les distinguât des citoyens.
Ils n'étaient point parqués dans un quartier spécial,
comme à Gortyne ; ils habitaient où il leur plaisait.
Ils participaient aux cérémonies religieuses, et leurs
filles figuraient dans la procession solennelle des
Panathénées. Ils avaient toutes les facilités désirables
pour célébrer leurs cultes particuliers ; on leur permettait même d'élever des sanctuaires en l'honneur
de leurs dieux, fussent-ils absolument étrangers à
l'Olympe grec, et on leur concédait des terrains à cet
effet. La loi les protégeait dans leurs biens et dans
leurs personnes presque autant que les citoyens, et,
le cas échéant, on défendait leurs intérêts au delà des
frontières. Il y avait toute une hiérarchie de faveurs
qu'on leur octroyait au fur et à mesure qu'ils en
paraissaient dignes : exemption totale ou partielle de
certaines charges, assimilation aux citoyens en matière
d'impôts, droit d'acquérir des immeubles, enfin,
comme récompense suprême, droit de cité.

Quelques novateurs auraient souhaité qu'on fût
encore plus généreux. Lorsque vers l'année 350 av.
J.-C. Xénophon se demanda par quels moyens on
pourrait restaurer la puissance affaiblie d'Athènes, il
songea aussitôt aux métèques et il proposa une série
de réformes destinées à les séduire : abolition des cou-
tumes qui blessaient gratuitement leur amour-propre,
création d'une magistrature investie à leur égard

d'un droit de tutelle, abandon des emplacements vacants dans la ville avec faculté d'y bâtir des maisons, dispense du service militaire dans l'infanterie, admission des plus riches dans le corps aristocratique des cavaliers. Ce conseil ne fut pas écouté; mais Athènes n'en resta pas moins le point de mire de quiconque cherchait une nouvelle patrie. Un contemporain de Xénophon le déclare expressément : « Elle se montre, dit-il, si libérale aux étrangers, elle s'adapte si aisément à leurs besoins, qu'elle attire aussi bien ceux qui veulent gagner leur vie que ceux qui veulent jouir de leur fortune. Heureux ou malheureux, ce n'est pas en vain qu'ils s'adressent à elle : elle offre aux uns la plus agréable résidence et aux autres l'asile le plus sûr »[1].

Nul doute que cette politique n'ait été suivie, à des degrés divers, par les cités qui ne se suffisaient pas à elles-mêmes. Nous savons que plusieurs d'entre elles se montraient fort accueillantes pour les étrangers. Cela tenait parfois à l'humeur de leurs habitants; mais cela dépendait encore plus de leur état économique. Leur sociabilité dérivait d'une exacte compréhension de leurs intérêts. Rhodes est peut-être, de toutes les républiques anciennes, celle qui fut le mieux organisée en vue du commerce; aussi était-elle pleine de métèques. Je n'examine point s'il n'eût pas été préférable que partout le travail fût aux mains des

1. Isocrate, *Panégyrique d'Athènes*, 41.

seuls citoyens. Je dis simplement qu'étant données les mœurs et les institutions, une ville de commerce et d'industrie ne pouvait se passer de ces gens-là, et qu'alors toutes les barrières s'abaissaient devant eux.

Ce n'était pas uniquement par eux-mêmes, par l'apport de leurs personnes et de leurs familles, que les métèques grossissaient la population ; ils y contribuaient aussi d'une autre manière. S'il y avait des pauvres parmi eux, les riches n'y manquaient pas non plus. La fabrique la plus considérable que nous connaissions dans le monde hellénique était à un métèque athénien. Un individu originaire de Thrace n'occupait pas moins de mille esclaves dans les mines du Laurion. Certains faisaient fortune dans les banques, les entreprises de travaux publics, le commerce maritime. Leur activité étant dirigée tout entière vers le gain, il leur arrivait souvent de gagner beaucoup d'argent, et nous savons que dans toute la Grèce, depuis Athènes jusqu'à Byzance, ils possédaient des capitaux abondants.

Or les métèques riches agissaient comme les citoyens riches : ils achetaient des esclaves, car l'esclave était l'accompagnement obligatoire de la richesse. Même s'ils bornaient leur ambition à mener la vie oisive du rentier, il leur fallait à domicile un personnel de serviteurs. Une nécessité analogue, et plus impérieuse encore, pesait sur ceux qui étaient dans les affaires, puisque le travail servile tendait à tout envahir. Il s'ensuit que tout métèque riche était le centre d'un groupe d'esclaves. Sa venue dans une ville n'ajoutait pas seulement une unité à la population; elle y ajoutait, soit immédiatement, soit à la longue, autant d'unités que cet homme amenait ou acquérait d'auxiliaires.

Mais ici une question se pose. Si les métèques arrivaient des pays non helléniques, leur immigration était pour la Grèce un bénéfice net; si, au contraire, ils étaient Grecs eux-mêmes, leurs déplacements pouvaient modifier la population de telle ou telle cité isolée; mais ils ne changeaient rien au chiffre total de l'ensemble. Or les métèques se recrutaient à la fois parmi les Barbares et parmi les Grecs, dans une proportion qu'il est impossible d'établir exactement. Il est certain que les Grecs dominaient et même qu'ils avaient une assez forte majorité; mais à côté d'eux on aperçoit aussi des Asiatiques, des Africains, des Thraces, et bien d'autres. La puissance d'attraction d'une cité se faisait sentir partout où rayonnait son action politique et commerciale, et, quand elle était assez énergique pour franchir les limites du monde grec, elle entraînait les Barbares. Il y eut donc de ce chef une infiltration permanente d'éléments exotiques, et elle fut régie par la même loi que nous avons signalée à propos des esclaves. S'il se forma entre l'étranger et les républiques helléniques un double courant d'esclaves et d'hommes libres, c'est parce que ces républiques étaient riches et travailleuses. Les premiers venaient de force, tandis que les seconds

venaient spontanément et par intérêt; mais les uns
et les autres obéissaient à la même impulsion et remplissaient le même office. Ils allaient là ou étaient les
capitaux et les chances de gain, et ils y apportaient
avec eux un surcroît de prospérité et de population.

IV

Opinions des philosophes sur la population civique.

Le problème est plus délicat en ce qui touche les
citoyens, par suite des intérêts multiples qui étaient
ici en conflit.

Les philosophes grecs insistent de leur mieux sur la
nécessité de restreindre cette classe. Platon veut
qu'une cité ait « un territoire suffisant à l'entretien
d'une certaine quantité d'habitants modérés dans
leurs désirs », et que cette quantité soit telle « qu'ils
puissent soit se défendre contre les attaques de leurs
voisins, soit leur prêter main-forte à l'occasion ». Le
chiffre de la population civique doit donc être, d'après
lui, tout relatif et dépendre du chiffre qu'atteindra
celle des États limitrophes. Néanmoins, pour des raisons qu'il est superflu de rappeler, il finit par décider
qu'il y aura cinq mille quarante familles, pourvues
chacune d'un domaine indivisible et inaliénable. On
aura soin que le nombre de ces familles demeure
immuable. Les garçons se marieront de trente à
trente-cinq ans, et les filles de seize à vingt. Pendant

les dix premières années, les époux s'appliqueront à avoir des enfants; après ce délai, on les tiendra quittes, si l'union a été féconde; sinon, on les séparera. Pour assurer la perpétuité des familles par les mâles, on permettra aux pères qui auront plusieurs fils d'en céder à ceux qui n'en auront pas. Si la natalité est exagérée, le gouvernement « interdira la génération », et, si ce n'est pas assez, il enverra au dehors, pour y fonder une colonie, l'excédent des citoyens. Par contre, il se pourra que les naissances soient en déficit, et que les exhortations des vieillards, les flétrissures et les distinctions honorifiques soient incapables de remédier au mal, — ou bien encore que les guerres et les épidémies ramènent la population à un niveau trop bas. Dans ce cas, on se résignera à l'obligation fâcheuse, mais inévitable, d'appeler des éléments de qualité inférieure, c'est-à-dire probablement des étrangers [1].

Aristote part de ce principe qu'une cité, comme toute chose, ne doit être ni trop petite ni trop grande. Trop petite, elle ne trouve pas en elle les moyens nécessaires à son existence, et le propre d'une cité est de n'avoir besoin de personne. Trop grande, elle est non pas une cité, mais une nation, et dès lors elle est très difficile à gouverner. Comment, par exemple, un général commandera-t-il à une multitude excessive de soldats? Quel héraut se fera entendre dans l'assem-

---

1. Platon, *Lois*, V, p. 737, 740, 741; VI, p. 784.

blée, s'il n'a pas une voix de stentor? Il est bon que tous les citoyens se connaissent entre eux, qu'ils sachent s'apprécier mutuellement; sinon, les magistratures seront mal ordonnées et les jugements mal rendus. Enfin, lorsqu'un État est très peuplé, rien n'est plus aisé pour les étrangers que de se glisser frauduleusement dans les rangs des citoyens[1]. Ainsi Aristote estime qu'un chiffre élevé de population est un inconvénient, soit qu'il provienne de l'étendue du territoire, soit qu'il tienne au taux de la natalité. Dans la première hypothèse, le défaut ne peut être conjuré qu'au moment où la cité est constituée; dans la seconde, c'est l'affaire de l'autorité publique.

Les mariages auront lieu pour les femmes à dix-huit ans, pour les hommes à trente-sept; c'est l'âge où ces derniers ont la plénitude de leur vigueur. On choisira de préférence le mois de Gamélion, qui correspond à notre mois de Janvier. D'ailleurs, on consultera au préalable un médecin, qui aura à déterminer le moment où le corps est le mieux disposé. En tout cas, il faudra cesser d'engendrer après la cinquante-cinquième année. Durant la grossesse, on veillera attentivement sur la santé de la femme, sur son alimentation qui devra être substantielle, sur son état mental qui devra être calme et paisible. Si l'enfant naît malingre ou difforme, on le jettera à la rue : à quoi bon conserver un être destiné à périr bientôt

1. Aristote, *Politique*, VII, 4.

ou à végéter misérablement? Si l'on s'aperçoit que la population grandit trop, on limitera la faculté de procréer des enfants, et si, malgré tout, il y a trop de femmes enceintes, on les fera avorter, non pas en cachette, mais ouvertement et pour obéir à la loi. La seule condition requise sera que le fœtus n'ait pas encore donné signe de vie[1].

Les opinions des philosophes ne sont pas à négliger, parce qu'il est toujours intéressant de savoir ce que de grands esprits ont pensé. Mais, pour l'historien, elles n'ont le plus souvent qu'une valeur médiocre, sauf dans le cas où elles ont passé dans les faits. Tant qu'elles restent à l'état de théories, il n'a guère à en tenir compte. Qu'importe à ses yeux une vue personnelle de Platon ou d'Aristote, si elle n'est pas sortie du domaine de la spéculation? Il attache beaucoup plus de prix, surtout lorsqu'il s'agit d'un peuple libre, au sentiment de la foule qu'à celui des penseurs, et une institution concrète l'éclaire mieux qu'une notion abstraite ou un système dogmatique. En Grèce, notamment, il n'est pas rare de noter une contradiction absolue entre les conceptions des philosophes et les tendances de la masse des citoyens. Il en est ainsi pour ce qui concerne le travail. Il pourrait en être de même de la population. A supposer que le point de départ des unes et des autres fût identique et qu'une idée commune les inspirât, il n'en subsiste pas moins que

1. *Politique*, IV, 4 et 14.

la pratique conduit à des tempéraments dont la logique n'a cure et qu'une société s'arrête parfois à mi-chemin, alors qu'un théoricien va jusqu'au bout.

V

La population civique et l'armée. — Les naturalisations. — La question des subsistances. — Le socialisme d'État. — Diminution graduelle du nombre des citoyens à Sparte. — Et dans les autres États grecs.

Le service militaire étant la première des obligations civiques, il fallait, semble-t-il, qu'une cité eût de nombreux citoyens pour avoir de nombreux soldats; de là vient sans doute qu'à Sparte, c'est-à-dire dans un État où tout était tourné vers la guerre, le célibat était considéré comme un délit. Cependant le souci de la défense nationale influait, en somme, assez peu sur la natalité du monde grec. On pouvait, en effet, se procurer des soldats ailleurs que parmi les citoyens. Les métèques étaient régulièrement enrôlés, et souvent dans une forte proportion. On avait encore la ressource, dans les circonstances graves, de recourir aux esclaves. Enfin, l'habitude se répandit de faire appel aux mercenaires, et ceux-ci, après avoir été au début un simple appoint, en arrivèrent à former presque toute l'armée.

On avait un moyen factice d'augmenter la classe des citoyens, c'était de prodiguer les naturalisations d'étrangers. Cette faveur était accordée tantôt à des

individus isolés, tantôt à des groupes d'individus.
Lorsqu'on voulait réparer les effets de quelque calamité
qui avait dépeuplé le pays, on faisait de larges pro-
motions de citoyens, et alors on ne se montrait pas
difficile dans les choix; parfois on allait jusqu'à
accueillir, les yeux fermés, quiconque se présentait.
Clisthène procéda ainsi à Athènes dans un intérêt
politique, quand, pour renforcer le parti démocratique dont il était le chef, il donna le droit de cité à
une multitude de métèques et d'affranchis. Mais d'ordinaire on était moins généreux. Même dans les républiques les plus ouvertes, ce privilège envié n'était
octroyé qu'après un long stage et en récompense d'une
suite de services. Le gain normal de la population
civique était donc, de ce chef, assez médiocre. La
fraude elle-même n'était pas toujours efficace; car les
listes des citoyens étaient périodiquement revisées et
les intrus sévèrement punis. J'ajoute que, si l'on
excepte les moments de crise où l'État offrait ce titre
à qui était désireux de le prendre, la plupart des natu-
ralisés se trouvaient déjà sur place. Ce n'étaient pas
des gens qui accouraient tout exprès du dehors pour
jouir de cet avantage; ils étaient depuis longtemps
établis dans la contrée, et la distinction qu'ils recevaient enlevait à la classe des métèques tout ce qu'elle
apportait à celle des citoyens, de sorte qu'il y avait
compensation. Quant aux naturalisations en masse,
elles servaient plutôt à boucher des trous qu'à créer
des citoyens supplémentaires.

La raison principale, qui amena Malthus à préconiser la limitation volontaire des naissances, fut la persuasion que la population augmente beaucoup plus vite que les moyens de subsistance. Aujourd'hui cette opinion est reconnue fausse. En Grèce, on ne l'exprimait pas dans des termes aussi rigoureux que Malthus; mais le préjugé était en vogue, du moins à l'état de pressentiment obscur. On était convaincu que les citoyens ne devaient pas être fort nombreux, sous peine de mourir de faim. Le sol en général était peu fertile et les procédés de culture bien inférieurs aux nôtres. Il y avait donc presque toujours un déficit de denrées alimentaires, notamment en Attique, et par là on se trouvait constamment à la merci de l'étranger. La *législation athénienne sur les blés* atteste une crainte permanente de la disette. Encore cette cité avait-elle la chance de posséder une marine puissante, qui lui permettait d'assurer la régularité des arrivages, et des mines d'argent qui lui fournissaient un numéraire abondant. Mais que dire de celles qui n'avaient ni métaux précieux, ni industrie active, ni commerce lointain? Elles devaient s'arranger pour vivre sur leur propre fonds, puisqu'il leur était difficile de s'approvisionner au dehors. Aussi, lorsqu'il s'était établi une espèce d'équilibre entre la production et la consommation, on tenait à ce qu'il ne fût plus troublé, et la meilleure précaution paraissait être de ne pas accroître le nombre des bouches à nourrir. Comme on ne croyait pas alors à la possibilité d'étendre indéfiniment les

moyens d'existence, il était naturel que l'on crût à la
nécessité de restreindre les besoins, et ainsi se formait
dans la classe des citoyens un état d'esprit défavorable
à la natalité.

Un autre motif se joignit à celui-là pour conseiller
la prudence. Ce que les Grecs demandaient à l'État,
ce n'étaient pas seulement les biens que toute société
civilisée en attend, je veux dire la sécurité extérieure,
l'ordre intérieur, la garantie des droits individuels; ils
exigeaient en outre de lui certains profits matériels.
La cité étant un groupement d'intérêts autant qu'une
association morale, chacun réclamait sa part d'avantages palpables. *Sous le régime aristocratique*, les
nobles se réservaient la majeure partie du butin, vendaient la justice aux plaideurs et exploitaient les roturiers sans vergogne. Dans les démocraties, le peuple
prenait sa revanche. Par l'impôt et la confiscation il
extorquait aux riches des sommes considérables, et,
au lieu de les affecter exclusivement aux besoins
généraux de l'État, il se les attribuait volontiers à
lui-même. Pendant les fêtes, il se nourrissait et
s'amusait aux frais du Trésor ou des riches; le reste
du temps il se faisait payer pour assister à l'assemblée
et siéger dans les tribunaux, et, s'il y avait des excédents budgétaires, il en ordonnait souvent la répartition. Le citoyen, surtout le citoyen pauvre, était un
parasite à la charge de l'État, et le gouvernement
devait s'ingénier pour satisfaire ses convoitises. Or, il
est clair que plus on conviait d'individus à la curée,

et plus les portions étaient réduites. Puisque le fonds
commun était limité, le nombre des ayants droit devait
l'être également. Un accroissement exagéré de la
population civique eût été pour tous un malheur, et
il était préférable qu'elle demeurât stationnaire et
même qu'elle baissât.

Il y avait une république où la loi elle-même nuisait
à la natalité, c'était Sparte. Là chaque citoyen possédait au cœur du pays un petit domaine, concédé gratuitement par l'État et suffisant pour son entretien.
Des serfs, désignés sous le nom d'hilotes, cultivaient
ces terres moyennant une redevance annuelle. Le taux
en avait été fixé une fois pour toutes et jamais il ne
fut modifié. Il semble qu'on l'eût évalué d'une façon
assez stricte. Nous savons en effet que le maître touchait soixante hectolitres de grain. Or il dépensait
à lui seul pour son repas du soir, qu'il partageait avec
ses concitoyens, une dizaine d'hectolitres, et il lui en
fallait encore pour son repas du matin et pour sa
famille [1]. Ajoutez qu'il n'avait point d'autre ressource :
tout commerce, toute industrie, toute occupation
lucrative lui étaient interdits; on voulait que rien ne
le détournât de ses devoirs civiques et qu'il fût toujours à la disposition de l'État.

Dans les premiers temps, Sparte fit quelques conquêtes autour d'elle, particulièrement en Messénie, et
il est probable qu'on en profita pour élargir un peu

---

1. Voir *la Propriété foncière le Grèce*, p. 402 et 405.

les lots primitifs. Mais bientôt ce mouvement d'expansion s'arrêta et les revenus privés se consolidèrent. Or, il est notoire que du jour où un rentier cesse de s'enrichir, il s'appauvrit. Sans doute la redevance du Spartiate échappa à cette cause de dépréciation qui provient de l'avilissement de l'argent, puisqu'elle était perçue en nature. Mais, si forte que fût la discipline sociale, elle fut incapable d'empêcher l'amour du bien-être et le progrès du luxe. Ces goûts nouveaux commencèrent à poindre vers la fin du v⁰ siècle avant Jésus-Christ, quand les métaux précieux affluèrent au lendemain de la guerre de Péloponnèse, et ils persistèrent, en s'aggravant, lorsque la décadence arriva. On s'accoutuma à dépenser davantage alors que les revenus ne changeaient pas, et cette imprévoyance obligea les citoyens à emprunter. Le fléau des dettes prit très vite une grande extension, et, comme les capitaux ne se reconstituaient pas par le travail, il conduisit ceux qu'il atteignait à une gêne irrémédiable, lorsqu'il ne les condamnait pas à une ruine totale.

Le Spartiate avait toujours été intéressé à ne pas se surcharger d'enfants, puisqu'il avait pour vivre un revenu médiocre et invariable. Il dut se surveiller encore plus dès que ses dépenses somptuaires s'accrurent. Aussi voit-on qu'au IV⁰ siècle av. J.-C., on se plaignait déjà du déclin de la natalité. Le gouvernement, alarmé, essaya de l'enrayer en affranchissant de certaines corvées militaires les pères de trois enfants, et en exemptant d'impôts les pères de quatre. Ce n'était pas se montrer bien exigeant, et pourtant la mesure fut inefficace. Peut-être eût-il mieux valu abolir tout simplement les prescriptions qui vouaient le citoyen à l'oisiveté ; mais nul n'y songea. Bientôt on ne se contenta pas de limiter le plus possible la fécondité matrimoniale ; on cessa même de se marier. Polybe nous décrit au second siècle des communautés de frères, réunis sur le domaine familial, avec une femme unique dont ils usaient à tour de rôle et qui leur donnait à tous des enfants[1]. Cette pratique singulière remontait très haut ; mais, tandis qu'autrefois elle avait pour objet d'empêcher l'extinction de la famille en autorisant un citoyen impuissant à se faire suppléer par un homme du même sang que lui, désormais elle ne servait qu'à diminuer le nombre des ménages, et par conséquent des naissances.

On s'explique dès lors que la population civique ait décru d'une façon continue. S'il est douteux qu'en 479 av. J.-C. elle ait compté 8 000 mâles adultes, les calculs les plus modérés lui en attribuent au moins 3 000 en 418. Or, une centaine d'années plus tard, elle n'en avait plus, d'après Aristote, qu'un milier, et il ne lui en restait que 700 au milieu du siècle suivant. On a essayé d'épiloguer sur ces chiffres ; on a prétendu que, si les citoyens s'étaient raréfiés, c'est parce que beaucoup d'entre eux étaient tombés dans les classes

1. Polybe, XII, 6 b.

inférieures. Mais les textes, consultés sans idée préconçue, prouvent qu'il y eut vraiment dépopulation.
Ce phénomène tient à des causes diverses, notamment
à la fréquence des guerres. Je crois cependant que la
principale fut la restriction de la natalité. Il était
assez ordinaire, au IV⁰ siècle, qu'il se trouvât dans les
familles une fille unique pour recueillir l'héritage
paternel; c'est l'indice, non pas qu'on s'arrêtait à un
premier enfant, mais que les enfants n'abondaient pas.

Dans les autres État grecs, le citoyen n'était pas
assujetti par la loi aux mêmes conditions d'existence
qu'à Sparte. Néanmoins, le fait que nous avons
constaté ici fut à peu près universel. Si l'on considère
Athènes, dont l'organisation et les mœurs furent
toutes différentes, on remarque dans le courant du v⁰
et du IV⁰ siècle av. J.-C., que le nombre des citoyens
âgés de plus de dix-huit ans paraît avoir baissé d'un
tiers environ[1]. Cette chute fut en partie déterminée
par des causes accidentelles, comme la peste qui, de
430 à 427, enleva 4 700 hommes, et aussi la guerre,
surtout la guerre du Péloponnèse. Mais habituellement
un peuple viril ne tarde pas à combler les vides créés
par de tels fléaux. Si Athènes ne parvint pas à
réparer ces pertes, si même le déficit s'accentua dans
la suite, c'est évidemment pour des motifs non plus
transitoires, mais permanents, dont l'action s'étendit
à la Grèce entière.

1. Il y en avait 30 000 au temps des guerres médiques (Héro-
dote, V, 97) et 21 000 en 317-307 av. J.-C. (Athénée, VI, p. 272 B).

Vers la fin du ɪvᵉ siècle, de graves perturbations survinrent dans la Méditerranée orientale. La Grèce, comme on l'a dit, « ne fut plus au point central du commerce et de la politique ». La formation de l'empire d'Alexandre et des royaumes qui lui succédèrent déplaça, pour ainsi parler, l'axe de la prospérité économique en faisant surgir partout des villes nouvelles, qui furent les rivales des villes helléniques et qui bientôt les supplantèrent. C'est à Éphèse, à Rhodes, à Alexandrie, à Pergame que passa la prépondérance; c'est là que s'élabora désormais la richesse, et, sauf quelques exceptions, les cités de la Grèce propre ne jouèrent plus qu'un rôle effacé.

A la même époque se produisit un exode ininterrompu de ses habitants. L'Orient attirait à lui tous ceux qui aimaient les aventures ou qui avaient envie de faire fortune. Ils s'en allaient, légers d'argent, mais pleins d'espérance, vers ces contrées immenses dont on leur disait tant de merveilles et qui semblaient ouvrir à leur activité et à leur intelligence un champ presque illimité. Soldats mercenaires, fonctionnaires publics, artisans, employés, trafiquants, usuriers, précepteurs, médecins, ils ne dédaignaient aucune profession et ils réussissaient dans toutes. Le Grec n'est dépaysé nulle part; à plus forte raison était-il prompt à s'acclimater dans ces monarchies à demi hellénisées d'Asie et d'Afrique, où il retrouvait à chaque pas sa langue et ses compatriotes. Il se tourna également vers l'Occident à mesure que les rapports des Romains avec l'Orient se multipliaient; il envahit lentement l'Italie, comme il avait envahi les royaumes d'Égypte et de Syrie, et il arriva ainsi que la Grèce s'appauvrit peu à en hommes, de même qu'elle s'appauvrissait en capitaux.

Il y aurait lieu de se demander si les mœurs privées n'étaient pas jusqu'à un certain point préjudiciables à la propagation de l'espèce. Lorsqu'on songe aux relations anormales que souvent les hommes nouaient entre eux, lorsqu'on se rappelle la place si restreinte que tenait dans leur vie l'intimité du foyer domestique, l'étrange tolérance qu'on avait pour le concubinat, l'attrait extraordinaire qu'exerçaient les courtisanes, on incline à penser que tous ces dérivatifs du mariage compromettaient singulièrement la fécondité des femmes légitimes.

Les règles du droit influaient aussi sur elle. Au IVe siècle, le fils aîné n'avait aucun privilège dans la maison. Si les filles n'héritaient pas, à moins d'être sans frères, si elles devaient se contenter de la dot qu'elles avaient reçue en se mariant, les fils se partageaient la succession paternelle par portions égales. Le père pouvait avantager l'un deux; mais il ne pouvait tester en faveur d'une personne étrangère à sa descendance directe que dans le cas où il n'avait point d'enfant mâle. Le patrimoine se morcelait donc d'une génération à l'autre, et les fils étaient en général plus pauvres que leur père. Jadis, aux beaux temps de la Grèce, il leur était possible de relever leur condition. La chose fut plus difficile lorsque les sources de gain commencèrent à se tarir. La décadence économique dont souffrirent la plupart des cités s'opposa à la reconstitution des fortunes individuelles, et, par une fâcheuse coïncidence, l'amour du plaisir grandit au moment même où les revenus fléchissaient. Cette époque est celle où les poètes comiques nous montrent les Grecs constamment occupés à faire bombance et à se divertir. Il existait en Béotie des sociétés dont l'unique objet était de bien manger et de bien boire; on leur léguait des capitaux, même au détriment de ses enfants, et leurs adhérents avaient parfois dans le mois plus de repas de corps qu'il n'y avait de jours. La contagion gagna jusqu'aux Spartiates, dont la sobriété avait été si longtemps proverbiale. On s'asservit à une foule de besoins factices, et d'autant plus impérieux, qui alourdissaient les budgets des particuliers. De là, des dettes et des expropriations; de là, le progrès des idées socialistes et la violence croissante des guerres que se livraient les pauvres et les riches.

Tous ces motifs déterminaient le citoyen, dans l'intérêt de ses enfants comme dans le sien, à restreindre de parti pris sa famille, et cela sans qu'il courût le risque d'en abréger la durée, puisque l'adoption l'aidait à la perpétuer. Une étude attentive des ménages athéniens conduit à cette conclusion que ceux de quatre enfants et au dessus étaient assez nombreux au ve siècle av. J.-C. et au début du ive, tandis plus tard on alla très rarement au delà de trois[1]. Je sais bien que ces chiffres sont approximatifs; car nous ne sommes presque jamais sûrs de connaître tous les enfants d'un même personnage; mais ils valent en tout cas comme points de comparaison entre les deux périodes. Nous avons d'ailleurs du fait qu'ils indiquent une preuve irrécusable. Un des plus graves historiens de l'antiquité, Polybe, signale parmi les fléaux du second siècle avant notre ère la dépopulation. « Nous n'avons eu à subir, dit-il, ni des épidémies ni des guerres prolongées, et pourtant les villes sont désertes et les terres stériles. Nous manquons d'hommes parce que nous manquons d'enfants. On aime trop l'argent et le bien-être, et pas assez le travail. Par suite, on ne veut plus se marier, ou, si l'on se marie, on tâche de n'avoir pas plus d'un ou deux enfants, afin de les élever dans le luxe ou de leur laisser un plus bel héritage[2] ». Ces lignes semblent dater d'hier; tant il y a sur ce point d'analogies entre la société hellénique et la nôtre!

Dans cette voie cependant, les Grecs s'avancèrent plus loin que nous. Aujourd'hui il n'est personne, même parmi les malthusianistes les plus décidés, qui demande l'anéantissement des nouveau-nés. Ils conseillent des mesures préventives, mais non pas des mesures destructives. Ils sont d'avis qu'il faut

---

1. Les éléments de cette statistique sont fournis par la *Prosopographia attica* de Kirchner.
2. XXXVII, 4.

produire peu d'enfants; mais ils respectent la vie de ceux qui naissent. En Grèce, on était plus radical. Le père avait toujours le droit de se débarrasser de sa progéniture, et il en usait volontiers, surtout si c'était une fille. Il ne tuait pas l'enfant brutalement; l'usage était plutôt qu'il l'abandonnât. Beaucoup de ces petits êtres mouraient; d'autres étaient recueillis par les passants et d'ordinaire jetés en servitude. De toute façon ils étaient perdus pour le pays : comme les pères restaient libres de les revendiquer à toute heure, ceux qui s'en étaient chargés prenaient la pré-caution de les vendre à l'étranger, de préférence en Orient. La pratique de l'abandon était d'origine très ancienne; mais, loin de s'atténuer avec le progrès des mœurs, elle ne fit au contraire que s'étendre. Les pauvres y recouraient pour alléger leur misère, les riches pour réduire leurs dépenses pendant leur vie et éviter l'éparpillement de leur patrimoine après leur mort. Le texte de Polybe sur la dépopulation renferme une allusion très nette à ce procédé, et un philosophe postérieur écrivait : « Ce qui me paraît le plus odieux, c'est que des gens qui n'ont pas la pauvreté pour excuse, qui possèdent des biens, qui sont même riches, se refusent à nourrir leurs enfants et tuent quelques-uns d'entre eux pour grossir la part de leur frère ».

Les lois qui régirent en Grèce le mouvement général de la population furent, comme on voit, d'ordre économique. Le nombre des habitants, aussi bien des esclaves que des hommes libres, fut partout en raison directe de la prospérité publique. Dans les temps modernes, le perfectionnement de l'outillage est tel qu'on peut exécuter une besogne énorme avec peu de bras; les capitaux, très mobiles, circulent à travers les différents États pour les vivifier; l'abondance et la rapidité des moyens de communication mettent les produits du monde entier à la portée de tous. Il en résulte que, si la population continue d'être un élément essentiel de la richesse des nations, elle n'en est pas l'élément principal. Rien de pareil dans les pays grecs, où la force humaine n'était pas aidée par la machine, où les capitaux n'osaient guère s'aventurer au dehors, parce qu'ils n'y étaient pas suffisamment protégés, où le rayon d'approvisionnement de chaque État était assez restreint. Là, une cité était obligée de compter avant tout sur ses ressources propres, et la plus nécessaire était celle que lui procurait une nombreuse population. Mais une cité n'avait une population très dense qu'à la condition d'être largement pourvue de travail et d'argent. Du jour où ces deux choses lui faisaient défaut, elle tendait à se dépeupler.

Aussi la Grèce du second et du premier siècle av. J.-C. offre-t-elle à cet égard le spectacle d'une lamentable décadence. « Thèbes, dit Strabon, n'est plus qu'un bourg et les autres cités de Béotie ont éprouvé la même déchéance. » La Messénie est « en grande partie déserte », et la Laconie « n'est rien en comparaison d'autrefois ». En Arcadie, « les villes se sont vidées et les campagnes sont délaissées ». Vers l'année 214, Larissa de Thessalie avait son territoire en friche. Dans l'île d'Eubée, « les deux tiers du sol étaient incultes, et jusqu'aux portes des villes on se serait cru au milieu d'une solitude ». Enfin, Plutarque résume tout en déclarant, avec quelque exagération, que la Grèce serait incapable d'armer plus de trois mille hommes d'infanterie de ligne.

V

L'IMPOT SUR LE CAPITAL
SOUS LA RÉPUBLIQUE ROMAINE[1]

I

Création de la taxe. — Ce n'est pas un emprunt forcé.

Les Romains ont connu jusqu'en 167 av. J.-C. l'impôt sur le capital; ils l'appelaient *tributum ex censu*. Ce n'était pas une contribution annuelle; il n'était perçu qu'en temps de guerre, et il était affecté exclusivement aux dépenses militaires. Les anciens n'avaient pas la ressource de recourir à l'emprunt pour faire face aux dépenses soudaines qui leur incombaient en pareil cas; ils étaient forcés de tout acquitter sur les fonds du budget. Chaque fois, par conséquent, que les Romains avaient un ennemi sur les bras, il leur fallait trouver un supplément de recettes, et alors ils frappaient le capital. C'est en vertu

1. *Nouvelle revue historique du droit*, 1904.

du même principe que les Anglais frappèrent le revenu en 1799, au cours des luttes contre la France, et que depuis, après avoir rendu cette taxe permanente, d'accidentelle qu'elle était d'abord, ils ont conservé l'habitude d'en élever plus ou moins le taux pendant la guerre. La seule différence entre eux et les Romains est que, en semblable occurrence, ils s'adressent simultanément à l'emprunt et à l'impôt, tandis que les Romains ne pouvaient s'adresser qu'à l'impôt. Mais l'*income-tax* et le *tributum* sont nés d'une pensée identique.

On a prétendu que le tribut existait déjà au ve siècle avant notre ère, et même au delà, dès le règne de Servius Tullius [1]. Plusieurs textes paraissent favorables à cette opinion. Mais il en est d'autres qui la contredisent formellement ; ce sont ceux qui déclarent en termes très nets que jusqu'à la fin du ve siècle les citoyens envoyés à l'armée ne recevaient rien de l'État. S'il en était ainsi, on n'avait évidemment pas besoin de tribut.

Mommsen a essayé de concilier ces divergences à l'aide d'une hypothèse. Il suppose qu'au début les soldats étaient défrayés de leurs dépenses non par le Trésor public, mais par les tribus, qui étaient les sub-

---

1. Huschke, *Die Verfassung der Königs Servius Tullius*, p. 488 et suiv. ; Mommsen, *le Droit public romain*, VI, 1, p. 256 (tr. fr.) ; Marquardt, *Organisation financière des Romains*, p. 208 (tr. fr.). Willems est d'avis que le tribut fut créé par Servius, supprimé au début de la République et rétabli à la fin du ve siècle (*le Droit public romain*, p. 104-105).

divisions administratives de la cité, et il ajoute que les tribus demandaient au *tributum* les fonds nécessaires [1].

La conjecture est ingénieuse; mais je ne la crois pas acceptable. D'abord elle a contre elle le témoignage explicite des auteurs anciens. Quand Tite-Live et Denys d'Halicarnasse écrivent qu'originairement les soldats romains remplissaient leurs obligations à leurs frais (*de suo*, τοῖς ἰδίοις τέλεσι), leur langage ne prête à aucune équivoque; il signifie certainement que les soldats tiraient tout d'eux-mêmes et qu'ils ne touchaient pas le moindre subside officiel. Si aujourd'hui nos troupes étaient payées par les départements ou les communes, personne ne s'aviserait de soutenir que leurs dépenses sont d'ordre privé. Il est d'ailleurs tout à fait conforme à l'esprit des institutions primitives que les particuliers assument la charge complète du service. Voyez par exemple ce qui se passait dans l'empire de Charlemagne. « Le service obligatoire y est non seulement gratuit, mais encore onéreux. Pas de solde; le guerrier s'équipe et s'entretient lui-même. L'habitant lui doit, aux étapes, le couvert, l'eau, le feu et la paille. L'empereur ne lui fournit ni armes, ni vêtements, et il ne le nourrit pas. Il fallait se munir d'habits pour six mois, de vivres pour trois mois. Il n'y avait pas de trésorerie, d'intendance, ni de remonte [2] ». Il en était ainsi dans les premiers siècles de

1. Mommsen, *Die römischen Tribus*, p. 31-32.
2. Langlois dans *l'Armée à travers les âges*, I, p. 67.

la Grèce, notamment à l'époque homérique, et aussi dans la vieille Rome. Les réformes imputées à Servius Tullius ne s'expliquent que par le souci de rejeter sur les soldats le poids intégral des frais de la guerre. Nous n'avons de renseignements précis qu'en ce qui concerne l'équipement, et il est visible qu'il était laissé complètement à la charge de chacun[1]. La solde était inconnue. Quant aux subsistances, on devine que le citoyen enrôlé emportait quelques provisions avec lui, et qu'il s'arrangeait pour vivre sur le pays. Du reste les expéditions généralement duraient peu, parce que l'ennemi n'était jamais éloigné et qu'on se bornait le plus souvent à des dévastations rapides et à des enlèvements de butin. Dans ces conditions, le *tributum*, c'est-à-dire l'impôt de guerre, était superflu, puisqu'il n'y avait pas de dépenses publiques de guerre.

Vers la fin du ve siècle on imagina de remplacer le service gratuit par le service payé, et on créa la solde. C'est, dit-on, en 406 avant Jésus-Christ, à l'occasion du siège de Veies, que l'innovation eut lieu. Il en sortit un double avantage. Désormais on fut libre de retenir les hommes sous les drapeaux aussi longtemps qu'il le fallait, et ainsi les campagnes ne risquèrent plus d'être écourtées par l'impatience des citoyens pressés de rentrer chez eux. En outre on put abaisser le cens requis pour figurer dans les légions, et ainsi

---

1. C'est le seul moyen de comprendre pourquoi l'armement fut en rapport avec la fortune (Tite-Live, 1, 42-43).

les bases du recrutément furent élargies. Mais par contre il devint indispensable d'augmenter les ressources du Trésor, et c'est pour ce motif qu'on commença à taxer le capital. La solde et le tribut apparurent au même moment; on eut un impôt de guerre le jour où l'État prit à son compte l'entretien de l'armée. On portait ces frais en dépense; on fut donc obligé de porter en regard une recette équivalente, et comme on ignorait alors notre principe de l'unité budgétaire, on décida que la recette nouvelle, produite par le tribut, serait destinée tout entière au crédit ouvert pour la solde. Il s'ensuit que dans les années où il n'y avait point de solde à payer, le tribut n'était pas perçu. De là le caractère intermittent de cet impôt. Jusqu'au bout il fut un pur expédient nécessité par un besoin extraordinaire, et jamais il ne fut considéré comme un élément normal des revenus publics.

On est même allé plus loin et on a dit que le tribut était moins un impôt qu'un emprunt forcé[1]. Ce n'est pas qu'aucun historien ancien le qualifie de la sorte; mais on croit trouver la preuve du fait dans quelques textes qui en réalité doivent s'entendre autrement.

On allègue par exemple un passage de Tite-Live où il raconte qu'en l'année 214 avant J.-C. tout le monde vint en aide à la pénurie du Trésor; on vit notamment les tuteurs déposer à l'*Ærarium* les capi-

---

1. Huschke, p. 490 et 505; Mommsen, *Röm. Tribus*, p. 29, et *Droit public*, VI, 1, p. 257.

taux dont ils avaient l'administration et autoriser les questeurs à les employer comme ils voudraient, sauf à en rendre compte ultérieurement[1]. Si ce fut là un prêt consenti par certains citoyens, il fut absolument spontané, et il n'y a rien dans cette opération qui ressemble à la perception d'un tribut quelconque.

Le même auteur nous apprend qu'en 187, après l'expédition de Manlius Vulso contre les Galates d'Asie Mineure, on préleva sur le butin de quoi rembourser au peuple la portion d'impôt qui n'avait pas été encore restituée[2]; on en conclut que les sommes précédemment versées par les contribuables étaient de simples avances. Mais le langage de Tite-Live montre bien que le remboursement n'était pas obligatoire, puisqu'il fut prescrit sur les instances des amis de Manlius, qui espéraient par ce moyen le rendre populaire.

On invoque enfin la phrase suivante du grammairien Festus : « *Vectigal aes appellatur, quod ob tributum et stipendium et aes equestre et hordiarium populo debetur*[3] ». Mais ce texte est en désaccord avec tout ce que nous savons du tribut, qui n'est regardé nulle part comme donnant aux particuliers un droit de créance sur l'État, et il suffirait, pour supprimer cette difficulté, de lire *a populo*, qui serait une leçon beaucoup plus satisfaisante.

1. Tite-Live, XXIV, 18; Valère Maxime, V, 6, 8.
2. Tite-Live, XXXIX, 7.
3. Page 562 (édit. de Ponor).

Quand, par une exception très rare, il arrivait à l'État d'emprunter, il s'engageait expressément à éteindre sa dette. En 243, pendant la première guerre punique, on mit à la charge des riches la construction d'une flotte de deux cents navires; mais on ne manqua pas de stipuler que plus tard ils rentreraient dans leurs fonds, et il est probable que l'indemnité payée après la paix par les Carthaginois vaincus fut en partie consacrée à cet objet. En 210, sur l'initiative du Sénat, les citoyens apportèrent au Trésor tout ce qu'ils possédaient de numéraire et de métaux précieux. La crise financière se prolongea jusqu'en 204, et dès qu'elle eut cessé, on s'occupa d'amortir cette dette. On en remboursa le tiers immédiatement, et pour le surplus on fixa deux échéances très prochaines. Rien de pareil pour le tribut proprement dit. Jamais on n'emploie à ce propos l'expression *pecunia mutua*, qui dans Tite-Live désigne l'opération de 210, ni aucune locution analogue; jamais non plus on ne s'engage à restituer. On restitue, si l'on peut, quand on a de l'argent disponible, mais toujours en vertu d'une concession bénévole. C'est une faveur qu'on accorde, ce n'est pas une obligation stricte qu'on remplit.

II

Déclarations des contribuables. — Contrôle administratif.

Pour déterminer l'assiette de l'impôt, il fallait en premier lieu rechercher quel était le capital des contribuables.

De temps en temps[1] les censeurs procédaient au dénombrement général des citoyens. Ceux-ci comparaissaient en personne devant les magistrats sur le Champ de Mars, sauf s'ils avaient une excuse valable. Varron nous a conservé une vieille formule d'où il résulte qu'on pouvait se faire représenter. Pour les soldats en campagne, on attendait qu'ils fussent libérés, ou bien on envoyait des agents aux armées. Les absences se multiplièrent de plus en plus, et les censeurs les toléraient, parfois en maugréant. Sous le gouvernement de César, tous les Italiens étant alors citoyens, l'opération cessa d'être concentrée à Rome; elle fut exécutée dans toute la péninsule par les soins des municipalités. Dans le principe, le défaillant volontaire était incarcéré et puni de mort; dans la suite on se contenta de confisquer ses biens et de le vendre comme esclave.

Le citoyen faisait connaître aux censeurs son nom,

---

1. Le *census* n'avait pas toujours lieu à des intervalles réguliers, et Mommsen remarque que plus on remonte chronologiquement, plus les irrégularités sont fréquentes (*Droit public*, IV, p. 14-19).

son prénom, son surnom, le nom de son père, ou celui de son patron, s'il était affranchi, le nom de sa tribu et son âge. Il indiquait aussi les noms des personnes libres qu'il avait sous sa puissance, notamment de sa femme et de ses enfants mineurs. Quant aux orphelins des deux sexes et aux veuves, on les inscrivait sur une liste spéciale, à la requête de leurs tuteurs.

On déclarait également les biens. Mais le point délicat est de savoir lesquels étaient compris au cens.

C'étaient d'abord les immeubles ruraux et urbains. Il fallait qu'ils fussent susceptibles « d'être achetés et vendus conformément au *jus civile*[1] », qu'ils fussent en un mot possédés en toute propriété d'après les règles du droit romain. Ils comprenaient évidemment l'ensemble du territoire primitif de Rome, c'est-à-dire toute l'étendue de cet *ager romanus*, dont nous ignorons les limites exactes, peut-être parce qu'elles changèrent au début, mais qui en tout cas se réduisit toujours à une partie du Latium[2]. C'est dans ce domaine que les citoyens exercèrent à l'origine leur droit de propriété, et ils l'y exerçaient seuls, le *jus civile* étant leur privilège exclusif. Les étrangers n'étaient autorisés à y acquérir que s'ils avaient obtenu le *commercium*. Les Romains, d'autre part, n'acquéraient à l'étranger que sous la même condi-

1. Festus, p. 40.
2. Beloch attribue vers l'année 500 à l'*ager romanus* une superficie de 98 275 hectares.

tion, et il est clair qu'on portait sur les rôles les terres qu'ils avaient chez leurs voisins en vertu d'un titre régulier.

De bonne heure, il commença à se former par la conquête un second territoire, de plus en plus vaste, qui était l'*ager publicus*. Il englobait toutes les portions du sol que Rome avait enlevées aux populations vaincues, et par suite il était éparpillé un peu partout, tandis que l'*ager romanus* était continu. Il appartenait à l'État; mais l'État ne le gardait pas intact entre ses mains. Par la vente, par la fondation des colonies, par les concessions individuelles, on en détachait à chaque instant des parcelles considérables, et ainsi, après avoir couvert presque toute l'Italie, il y disparut à peu près complètement, vers le temps de César.

Nous n'avons pas à pénétrer ici dans l'étude détaillée de ces démembrements; nous devons simplement examiner si les terres aliénées de la sorte étaient déclarées au cens.

Il était de règle que toute terre publique devenue terre privée fût déclarée par l'acquéreur. La question se ramène donc à ceci. Quand l'État vendait ou donnait une terre, conférait-il vraiment le droit de propriété? On a prétendu qu'il attribuait seulement la propriété de fait et qu'il se réservait le domaine éminent[1]. Lors même que cette opinion serait juste,

---

1. Voir par exemple Beaudouin, *la Limitation des fonds de terre dans ses rapports avec le droit de propriété*, p. 190, 197, 206.

elle n'infirmerait en rien dans la pratique les droits du détenteur. Le domaine éminent de l'État ne se manifestait en effet que par la perception de quelques centimes par jugère (1/4 d'hectare), et cette redevance nominale ne gênait nullement la libre transmission de l'immeuble par héritage, par donation ou par vente[1]. Cette terre devait donc être déclarée aux censeurs. Nous n'avons pas la moindre raison de croire qu'on voulût avantager ces lots, et c'eût été le cas pourtant, si, en échange d'une taxe insignifiante, ils avaient été exemptés du tribut. Je vais plus loin : si l'on avait admis en principe que toutes les terres aliénées par l'État restaient en dehors du cens et de l'impôt, sous prétexte que l'État conservait sur elles un droit théorique, on ne voit pas sur quoi aurait pu peser le tribut, puisque même les terres de l'*ager romanus* passaient pour avoir été concédées jadis par l'État. Ainsi, que les terres sorties irrévocablement du domaine public aient été ou non assujetties pour la forme au droit supérieur de l'État, elles n'en étaient pas moins inscrites sur les registres du cens, et par là elles devenaient imposables.

On n'en saurait dire autant des *possessiones* ou terres domaniales dont on laissait la jouissance aux

1. Ce fut de la part de Ti. Gracchus une innovation que d'interdire la vente des terres qu'il concéda (Appien, *De b. c.*, 1, 10 et 27); elle s'explique par le désir qu'il avait de reconstituer la petite propriété. On a dit que cette prohibition existait auparavant; mais c'est une simple hypothèse, démentie par ce fait que Tibérius inséra dans sa loi une clause expresse à ce sujet.

particuliers. Tout citoyen avait la faculté de s'y installer, de les cultiver, ou d'y envoyer son bétail; mais les riches tendirent de plus en plus à les accaparer, et la loi fut obligée en 367 avant J.-C. de fixer à 500 *jugera* (125 hectares) le maximum des parts individuelles; encore fut-elle fréquemment éludée. Les occupants pouvaient en disposer comme il leur plaisait; ils pouvaient même les vendre; et cependant ils étaient loin d'en avoir l'entière propriété. L'État en effet était toujours libre de les leur reprendre, sans égard pour les dépenses qu'ils y avaient faites à leurs risques et périls; de plus il exigeait le paiement d'une redevance, non pas nominale, mais proportionnelle à la récolte ou au nombre des têtes de bétail. Ces terres se trouvaient donc dans de tout autres conditions que les précédentes; elles étaient données en location pour un temps indéfini plutôt qu'aliénées, et dès lors il n'y avait pas lieu de les porter au cens du tenancier, pas plus qu'il n'y avait lieu de superposer le tribut à la taxe qu'elles payaient déjà. On n'était tenté de les déclarer que si l'on voulait effacer toute trace des droits de l'État, et il est probable qu'on employa fréquemment ce procédé, de même qu'on s'ingéniait pour s'affranchir de la redevance. Mais dans les deux cas la manœuvre était frauduleuse. Elle entraînait cette conséquence que le détenteur, transformé ainsi en propriétaire, était désormais astreint au tribut; mais ce tribut devait être moins onéreux que la redevance annuelle.

Ce que je dis des terres « occupées » était encore plus vrai des terres louées par les censeurs. Il va de soi que celles-ci continuaient de faire partie de l'*ager publicus* et qu'elles payaient un simple prix de fermage.

Le citoyen pouvait acquérir dans tout l'Empire romain, non seulement en Italie, mais même en province, et déjà avant l'année 167 la domination de Rome commençait à déborder hors de la péninsule, en Sicile, en Sardaigne, en Corse et en Espagne. Nous ne savons pas jusqu'à quel point les Romains s'empressèrent de profiter de leur droit dans ces diverses contrées. Une seule chose est sûre, c'est que leurs propriétés provinciales étaient soustraites au *tributum*, parce qu'elles étaient frappées d'une charge équivalente. Cicéron raconte l'histoire d'un citoyen nommé Decianus, qui s'était emparé indûment des terres d'un Asiatique, et qui ensuite les avait déclarées pêle-mêle avec ses autres biens. En agissant de la sorte, lui disait-on, tu as commis une grave imprudence; car ces immeubles paieront de toute façon l'impôt ordinaire que Rome réclame aux provinciaux; et, en outre, puisqu'ils figurent au cens, ils risquent de payer le *tributum*, si les besoins du Trésor exigent qu'un tribut soit perçu [1]. Preuve certaine que légalement ils n'auraient pas dû être déclarés par Decianus.

On recensait en second lieu les esclaves et les ani-

—

1. Cicéron, *Pro Flacco*, 32.

maux de travail, qui étaient inséparables de la terre. Le menu bétail n'est pas mentionné, sans doute parce qu'on l'envoyait généralement sur les pâturages publics, où il était soumis à une taxe de dépaissance. Sous l'Empire on comptait le matériel agricole; mais nous ignorons si l'usage est plus ancien. L'ensemble de tous ces objets constituait la garniture du fonds (*instrumentum fundi*); c'étaient les accessoires indispensables du sol.

Mommsen suppose que primitivement les biens mobiliers n'étaient pas déclarés[1]. En soi l'idée est très plausible. Dans toute société il s'écoule un temps assez long avant que la fortune mobilière se développe, et il est naturel qu'elle n'attire les regards du fisc que le jour où elle acquiert quelque importance. A Rome, pendant les premiers siècles, la richesse fut surtout terrienne, et il se pourrait qu'à l'origine le sol eût été seul taxé. Mais un témoignage très précis de Festus nous oblige à écarter cette hypothèse. Il nous apprend en effet que dans l'opération du cens on appelait *rudus* le cuivre en lingots[2]. Or ce n'est pas dans le dernier âge de la République qu'on avait à déclarer des lingots pareils. L'habitude d'avoir des lingots, principalement d'un métal de médiocre valeur comme le cuivre, implique ou bien que la monnaie n'existe pas, ou bien qu'elle est extrêmement rare, et par conséquent le renseignement de Festus nous fait

1. Mommsen, *Droit public*, IV, p. 71, 73.
2. Festus, p. 356.

remonter pour le moins aux débuts de la frappe monétaire, c'est-à-dire au milieu du ve siècle av. J.-C., alors que Mommsen place en 312 l'extension du tribut à tout le capital. Quand la monnaie eut décidément remplacé les métaux bruts, ce fut elle qu'on déclara, sans négliger d'ailleurs les lingots que l'on se trouvait posséder encore.

On y joignait les vêtements des femmes, les bijoux, les voitures, et probablement tous les objets mobiliers.

Il n'est indiqué nulle part qu'on enregistrât parmi les éléments imposables l'actif industriel et commercial. Ce silence des documents n'a rien qui doive nous étonner; car il est à présumer que les censeurs ne recevaient pas de déclarations spéciales là-dessus. Pendant la période qui s'arrête à l'année 167 av. J.-C., l'actif d'un industriel ou d'un commerçant n'offrait guère que des capitaux et des esclaves; on n'avait besoin en effet ni d'un matériel coûteux, puisque l'outillage était rudimentaire, ni de vastes locaux, puisqu'on ne produisait pas en grand. Or tout contribuable était forcé de signaler aux censeurs ses capitaux, quelle qu'en fût la destination. Pour les esclaves, si dans le principe on notait seulement ceux qui étaient voués à la culture, parce qu'il n'y en avait guère d'autres, il arriva plus tard qu'on y ajouta ceux qui étaient employés ailleurs par leurs maîtres. Il était donc inutile d'établir un article distinct pour les fabricants et les négociants, du moment que leur avoir était déjà connu des magistrats. Quant aux artisans libres, comme la plupart étaient pauvres, ils échappaient au tribut.

Le citoyen ne se bornait pas à déclarer ses biens ; il devait encore les évaluer en argent, et c'est cette estimation qui servait de base à l'impôt. On s'est posé la question de savoir s'il avait le droit de déduire ses dettes. La difficulté semble assez facile à résoudre. Lorsqu'un individu énonçait en présence des censeurs son chiffre de fortune, il y englobait naturellement ses créances ; car ses créances étaient une fraction de son capital, et il était juste qu'il l'imputât à son actif. Mais il est clair que cette somme ne figurait pas à l'actif du débiteur, d'abord parce que celui-ci n'en était pas le propriétaire, et puis parce qu'elle ne pouvait pas être comptée deux fois. Le problème est un peu plus complexe quand on envisage le cas où le débiteur donnait un objet matériel en garantie. L'hypothèque n'étant pas pratiquée sous la République, les seules sûretés réelles étaient alors le gage, qui n'était de mise que pour les meubles, et la fiducie, qui était usitée également pour les immeubles. Or la fiducie transférait au créancier la pleine propriété de la chose livrée, sauf la faculté laissée au débiteur de la recouvrer après remboursement ; le premier était donc fondé à la déclarer comme sienne. Le contrat de gage ne transférait que la possession de fait ; le débiteur restait donc propriétaire de l'objet, et c'était lui sans doute qui le déclarait. Mais jamais un même objet ne devait être déclaré concurremment par l'une et l'autre partie.

Dans tout système d'impôt qui repose sur les déclarations des contribuables, il y a lieu de prendre des précautions contre la fraude. Les Romains ne négligèrent pas ce soin. Il est possible cependant que chez eux les dissimulations aient été en somme plus rares qu'on ne s'y attendrait. Mommsen insiste avec raison sur cette idée que, d'une façon générale, ce peuple était d'une grande rectitude dans les affaires. « Tous les actes de la vie, à Rome, revêtirent la ponctualité du marchand, la probité visant au respect de soi-même et de tous. En justice les livres de compte privés faisaient preuve, à peu près comme nos livres de commerce. La parole de l'homme sans reproche témoignait contre lui et aussi pour lui. Entre gens honorables le serment vidait juridiquement le procès. Suivant une règle traditionnelle, si la preuve manquait, les jurés prononçaient pour l'individu honnête contre celui dont la réputation était entachée[1] ». Il n'est pas téméraire de penser qu'un pareil état d'esprit provoquait, de la part des citoyens, des déclarations le plus souvent sincères, et cette présomption se fortifie encore, lorsqu'on songe à ce patriotisme ardent et réfléchi, à ce souci de l'intérêt public, qui caractérisaient au plus haut degré le Romain.

Contre ceux qui demeuraient sourds à la voix du

---

1. Mommsen, *Histoire romaine*, IV, p. 140 (trad. Alexandre).

devoir il existait des moyens de contrainte assez efficaces.

D'abord le serment. Le citoyen jurait devant les censeurs de faire sur tous les points des déclarations véridiques, et un engagement aussi solennel était presque toujours pris au sérieux.

On serait tenté de penser que toute omission frauduleuse exposait le citoyen à la perte de l'objet, en ce sens que, si cet objet lui était ravi, il n'avait plus qualité pour le revendiquer en justice. Sous l'Empire, quand un litige survenait à propros d'une question de limites, les registres du cens constituaient la meilleure des preuves, et on se demande si le défaut d'inscription d'une chose au nom d'un individu n'était pas une sorte d'aveu qu'il n'en avait pas la propriété.

Je doute qu'on se montrât si rigoureux. Un homme qui se déclarait citoyen ne l'était pas nécessairement aux yeux de la loi. Un homme qui déclarait comme lui appartenant les biens d'autrui n'acquérait par ce subterfuge aucun droit sur eux. Donc, à l'inverse, un homme qui ne déclarait pas un objet n'était pas censé s'en dépouiller. Il y avait là tout au plus un indice; il n'y avait pas de témoignage décisif. La propriété se perdait par la vente, par la donation, par la prescription, par une condamnation judiciaire; elle ne s'évanouissait pas par prétérition. Seulement, si un objet non déclaré était pris ou réclamé par un tiers, son légitime propriétaire ne pouvait se défendre qu'en dévoilant lui-même la fraude dont il s'était rendu coupable.

L'organisation politique de Rome était telle que chacun était intéressé à évaluer son patrimoine le plus largement possible. Le citoyen en effet occupait dans l'État le rang que lui assignait sa fortune, constatée au cens. On avait plus ou moins de droits selon qu'on se disait plus ou moins riche. L'assemblée centuriate qui, dans la période où nous nous renfermons était l'autorité suprême de la République en matière de législation, d'élections et de justice criminelle, se divisait en sections de vote, et chaque section, pourvue d'un suffrage, comptait de plus en plus de citoyens à mesure qu'ils étaient plus pauvres. Par suite, quiconque estimait trop bas son avoir réduisait du même coup sa part d'influence dans l'État. Dissimuler une fraction de son capital, c'était s'infliger une certaine déchéance politique; l'enfler au contraire, c'était s'élever dans la hiérarchie des citoyens. Le principe qui prévalait alors était que les charges fussent exactement proportionnelles aux droits. Les riches payaient davantage; mais en revanche ils exerçaient une action plus forte sur la marche du gouvernement.

Enfin, si malgré tout un citoyen essayait de tromper les censeurs, ceux-ci étaient loin d'être désarmés contre lui. Cette magistrature, accessible en fait aux seuls consulaires, placée au terme de la carrière sénatoriale, entourée d'un grand prestige et irresponsable, avait dans l'espèce des pouvoirs très étendus. C'était elle en réalité qui, avec des experts, arrêtait le chiffre de fortune de chacun, sans autre garantie que le serment de ne songer qu'au bien public et de garder une entière impartialité. Les censeurs procédaient à une enquête sur la situation pécuniaire de l'individu soupçonné; ils provoquaient au besoin les dénonciations; et un appel de ce genre était toujours entendu dans l'antiquité, d'autant plus qu'il y avait généralement une prime; après quoi, ils faisaient les rectifications nécessaires. Les textes nous disent que l'évaluation des biens s'appelait *aestimatio censoria*, parce qu'elle était l'œuvre des censeurs, et ils ajoutent que le capital du citoyen était fixé au chiffre que les censeurs avaient choisi; car aucune voie de recours n'était ouverte contre leurs décisions.

Cette revision pouvait être accompagnée de certaines peines. Mommsen est d'avis qu'une estimation mensongère équivalait à l'absence de déclaration, et était punie par conséquent de la confiscation, sinon de la vente de la personne. Mais cela n'est point démontré. Les censeurs, en vertu du droit de contrôle illimité qu'ils exerçaient sur la conduite publique et privée des citoyens, étaient libres d'infliger une flétrissure à l'homme dont ils découvraient la fraude. Pour mériter un châtiment pareil, il suffisait d'avoir violé un serment, et c'était ici le cas. Or cette flétrissure n'était pas simplement morale; rien n'empêchait de lui donner encore d'autres sanctions, telles que la radiation de la liste du Sénat, l'exclusion de l'ordre équestre, la perte du droit de suffrage.

Les censeurs portaient parfois le cens à un niveau absolument arbitraire. On nous signale par exemple un ancien dictateur dont le capital fut octuplé pour une raison politique[1]. Caton, dans son désir de combattre le luxe, évalua au décuple les jeunes esclaves achetés depuis le dernier recensement à raison de 10 000 as (550 fr.) par tête, et il adopta la même règle pour les voitures, les vêtements de femme et les objets de parure dont le prix dépassait 15 000 as[2]. Ces mesures sont très rares et elles ont le caractère d'une véritable peine. Mais elles n'étaient pas illégales et elles montrent jusqu'où allaient les prérogatives des censeurs.

En somme, dans le système romain, l'estimation des fortunes se faisait d'après le double principe de la déclaration individuelle et de la taxation adminis-trative. Bien qu'il y eût des chances sérieuses pour que les énonciations des citoyens fussent à peu près conformes à la vérité, on n'avait pas voulu se fier aveuglément à elles, et on avait chargé deux magistrats, non seulement de les contrôler par tous les moyens en leur pouvoir, mais encore de les modifier à leur guise et sans appel. Ces magistrats, les plus vénérés et les plus redoutés de tous, n'avaient aucun compte à rendre qu'à leur conscience, et leurs droits

1. Tite-Live, IV, 24.
2. *Id.*, XXXIX, 44; Plutarque, *Cato major*, 18.

n'avaient d'autre limite que la nécessité d'être d'accord entre eux. Même dans les pays modernes où le gouvernement est le plus fort, on ne rencontre rien de semblable, et l'on peut dire qu'au fond c'était l'État qui déterminait le capital imposable, en utilisant à sa fantaisie les données fournies par les contribuables.

III

Vote de l'impôt par le Sénat. — C'est un impôt de répartition. — Et un impôt proportionnel. — Mode de répartition. — Immunités. — Taxes spéciales. — Recouvrement.

Dans les États constitutionnels d'aujourd'hui, c'est le peuple souverain qui, par ses mandataires, établit l'impôt, et ce principe passe pour être le fondement même des libertés publiques. A Rome la règle était applicable aux impôts permanents, mais non pas au *tributum*. Ce ne fut pas une loi qui introduisit cette taxe, et dans la suite, chaque fois qu'elle fut perçue, la loi n'eut jamais à intervenir. La question était d'ordre administratif, et elle rentrait dans la compétence du pouvoir exécutif et du Sénat.

Le Sénat, d'après Polybe, avait la haute main sur les finances. Cela seul suffit pour nous avertir que son autorité était prépondérante en matière de tribut. Mais ici, comme en tout, il n'avait aucun droit d'initiative. Il ne délibérait à ce sujet que sur la demande et sur le rapport des consuls. De plus ses résolutions n'étaient, au moins théoriquement, que de simples avis. Il n'ordonnait pas d'une façon impérative que la taxe serait levée; il invitait les consuls à publier en leur nom personnel une ordonnance à cet effet; mais son assentiment préalable était, à ce qu'il semble, obligatoire. Habituellement l'entente était complète entre les magistrats et lui, et c'est à peine si l'on se heurtait parfois à quelque résistance de la part des tribuns. Il y avait en effet, presque toujours, cas de force majeure.

Le tribut était une somme fixe, calculée d'après le nombre des soldats ordinairement présents sous les drapeaux. Cet impôt normal, évalué sans doute d'une façon assez large pour parer à l'imprévu, s'appelait peut-être *tribulum simplex*. Les Romains n'eurent longtemps que quatre légions sur pied. En 295, pour la première fois, on en voit apparaître six, et ce chiffre n'était pas encore dépassé en 218. S'il était nécessaire d'augmenter les effectifs, on aimait mieux souvent renforcer les légions existantes que d'en créer de nouvelles. Pendant la seconde guerre punique il fallut rompre avec cette tradition. En 215 il y eut douze légions, et on décida aussitôt qu'il serait perçu deux tributs. La même année, les chefs de l'armée d'Espagne, qui jusque-là n'avaient rien demandé, réclamèrent des fonds pour leurs troupes. On songea à édicter un troisième tribut; mais on y renonça[1].

1. Tite-Live, XXIII, 48.

On ne s'arrêta pas davantage à cette idée dans la suite, même lorsqu'on avait sur les bras vingt-trois légions, et ce fut dès lors par des expédients qu'on pourvut tant bien que mal aux dépenses.

La plupart des érudits croient que le tribut était un impôt de quotité, et qu'il consistait en une contribution de 1, 2, 3... pour 1 000. A l'appui de cette thèse on cite plusieurs textes qu'il est bon d'examiner de près.

Tite-Live raconte qu'en 209 douze colonies latines refusèrent d'envoyer à Rome des hommes et de l'argent [1]. Sur le moment on ne put pas les ramener de force à l'obéissance; mais en 204, quand la situation militaire se fut améliorée, le Sénat songea à sévir contre elles. On les condamna à payer un subside annuel d'un as pour mille, et on décida que les biens seraient estimés d'après le système en vigueur à Rome [2]. Les modernes se sont imaginé que le taux adopté dans cette circonstance fut le même que le taux normal de l'impôt romain. Ils ont oublié qu'en 204 ce qu'on se proposa ce fut de châtier des rebelles. Il faut donc que la condition de ces colons ait été plus défavorable que celle des citoyens, et c'eût été une punition singulière que d'établir entre les uns et les autres une identité de charges. Dira-t-on que le tribut des colonies fut annuel, au lieu que le tribut des citoyens était accidentel? Mais

1. Tite-Live, XXVII, 9.
2. *Id.*, XXIX, 15.

il est fort probable que depuis l'invasion d'Hannibal en Italie les citoyens y étaient soumis tous les ans, par suite des frais ininterrompus que la guerre entraînait. Le fait relaté par Tite-Live est donc étranger au débat.

On allègue encore un autre passage du même auteur, qui n'est pas plus probant. En 187 on profita d'une guerre fructueuse pour rembourser au peuple le solde d'un tribut antérieur, et chaque citoyen toucha 25 as et demi p. 1 000 [1]. Huschke invente à cette occasion toute une histoire. D'après lui, le Sénat avait voté en 215, non seulement pour l'année courante, mais aussi pour les années subséquentes, la levée d'un tribut additionnel de 1 p. 1 000. Pendant vingt-huit ans, de 215 à 187, cette taxe supplémentaire fut maintenue, et on ne réussit dans cet intervalle qu'à amortir deux annuités et demie. En 187 on amortit en bloc tout le reste, soit vingt-cinq annuités et demie. Par malheur rien de tout cela n'est dans les documents. Rien surtout n'atteste que la surtaxe de 215 ait subsisté si longtemps. Est-il admissible par exemple qu'en 200 et en 194, lorsqu'on n'avait que six et huit légions sous les armes, on ait demandé autant à l'impôt que dans les années 214-202, avec des effectifs doubles et triples? Non, les contribuables n'eurent pas à verser et le Trésor n'eut pas à leur restituer vingt-huit surtaxes de 1 p. 1 000, et dès lors le

1. Tite-Live, XXXIX, 7.

petit roman de Huschke s'écroule tout entier. La vérité est beaucoup plus simple. Le Sénat avait voté précédemment un ou plusieurs tributs, avec l'intention d'en rendre le montant un jour ou l'autre. Des acomptes successifs furent payés aux citoyens, et en 187 il n'y avait plus qu'un arriéré de 25 et demi p. 1 000, ou, comme nous dirions aujourd'hui, de de 2,55 p. 100. On le paya alors et la dette fut ainsi éteinte. Le tant pour mille dont il s'agit n'est pas une fraction du capital taxé, mais une fraction de la taxe elle-même.

Un dernier argument a été emprunté à Tite-Live et à Plutarque. En 184, Caton, pendant sa censure, se montra particulièrement dur pour les riches. Non content d'estimer les objets de luxe bien au-dessus de leur valeur, il voulut, dit l'historien latin, « *ut his omnibus terni in millia aeris attribuerentur*[2] ». Cela signifie, d'après quelques érudits, que ces objets furent imposés à raison de 3 as p. 1 000, et non comme d'ordinaire, à raison d'un as. Mais cette interprétation impute gratuitement à Tite-Live une grosse erreur. Mommsen en effet note que les censeurs n'avaient point qualité pour déterminer le taux de l'impôt, et Caton était trop respectueux de la légalité pour commettre une usurpation de pouvoirs, qui d'ailleurs eût été inefficace. Le véritable caractère de l'acte qu'il accomplit est indiqué par Plutarque.

1. Tite-Live, XXXIX, 44.

Caton, écrit ce dernier, προσετίμησε τρεῖς χαλκοῦς πρὸς τοῖς χιλίοις. Or le verbe προστιμάω s'emploie toujours à propos d'une pénalité qu'on inflige, et ce qui montre qu'il a bien ce sens-là dans cette phrase, c'est la réflexion qui suit. On espérait, ajoute Plutarque, que cette précaution entraverait les progrès du luxe, à cause des ἐπιβολαί qui en seraient la conséquence, et l'on sait que ce terme s'entend proprement des amendes prononcées par les magistrats. Ainsi l'historien grec nous donne la clef du passage si obscur de Tite Live, qui émane pourtant de la même source. Caton fit deux choses en 184. D'une part, il majora dans une forte proportion le capital imposable des riches, pour que leur tribut fût aggravé, et cette mesure se rattachait à la partie financière de ses prérogatives. D'autre part, il les frappa d'une amende égale à 3 p. 1 000 de la valeur de leurs objets précieux, et c'était là une forme du contrôle que les censeurs exerçaient sur les mœurs.

Le nom même du *tributum* paraît témoigner que c'était un impôt de répartition. *Tribuere* veut dire « partager », comme il résulte de deux phrases de Cicéron, dont la langue est si exacte. Plus tard ce verbe en arriva à désigner le fait de donner, d'accorder, et il fallut, pour lui conserver sa signification primitive, le renforcer au moyen du préfixe *dis*. Mais dans le langage du droit le sens ancien de *tribuere* a survécu. L'*actio tributoria*, dont il est question dans le *Digeste* et dans les *Institutes*, a trait à un partage entre les créanciers. On aperçoit chez les jurisconsultes des locutions telles que *venire in tributum, in tributum vocari*, qui se réfèrent à une répartition. Si l'on remonte à la loi *Acilia repetundarum*, qui se place en 123/2 avant J.-C., on y trouve les mots *tributus factus* pris dans la même acception. Enfin un texte des *Verrines* oppose ces deux expressions *tributum facere* et *tributum conferre*, dont l'une vise l'assiette de l'impôt et l'autre sa perception.

Il est difficile de deviner quels étaient les répartiteurs. A l'époque de Cicéron nous distinguons une classe censitaire qui venait immédiatement au-dessous des chevaliers, et d'où l'on tira pendant quelque temps le tiers des jurys criminels; c'étaient les *tribuni aerarii*. Jadis ils avaient un caractère tout différent. Leur fonction essentielle était alors de payer la solde des troupes. A en juger par leur nom, étroitement apparenté avec le mot *tribuere*, dont nous avons défini le sens plus haut, ils étaient peut-être chargés aussi de répartir le *tributum*.

Mommsen conjecture qu'ils étaient élus pour un an par les membres de la tribu, sous prétexte qu'ultérieurement on nomma de cette manière les curateurs des tribus, qui, d'après lui, les remplacèrent à la tête de ces groupes. Élus ou non, ils avaient, je pense, une certaine fortune; car ils encouraient au moins en qualité de payeurs de l'armée, une responsabilité pécuniaire [1]. Je suppose qu'il y en avait plus d'un

1. Aulu-Gelle, VI (VII), 10; Gaius, IV, 27.

par tribu, non seulement parce que leur tâche était très complexe, mais aussi parce que les Romains avaient une prédilection marquée pour les commissions administratives. Les tribuns n'étaient pas des magistrats, au sens propre du mot; comme nos répartiteurs, ils restaient de simples particuliers.

Le principe qui régissait la répartition était celui de la proportionnalité. Tite-Live le déclare nettement lorsqu'il écrit que le tribut était payé « également » par tous[1], et Varron est encore plus explicite[2]. Cet impôt ne devenait progressif que dans les circonstances très rares où les censeurs exagéraient à dessein la valeur des biens d'un citoyen. Il y avait alors un écart plus ou moins grand entre le capital imposable et le capital réel; mais le rapport entre le capital taxé et la taxe était le même pour tous les contribuables.

Le premier soin des répartiteurs était de fixer la quote-part des groupes officiels qui se partageaient l'ensemble des citoyens. Mais de quels groupes s'agit-il? Des tribus ou des centuries? Denys d'Halicarnasse dit que c'étaient les centuries, tandis que Varron et Tite-Live donnent à entendre que c'étaient les tribus. Peut-être la seconde assertion est-elle confirmée par ce fait que les *tribuni aerarii* avaient le maniement du *tributum*; ce qui ne se concevrait guère, si le *tributum* n'avait été en corrélation qu'avec les centuries, où ces *tribuni* n'avaient rien à voir. Toutefois, comme

1. Tite-Live, I, 43.
2. Varron, *De l. l.*, V, 181.

il est sage, en présence de deux textes contradictoires, de chercher à les concilier, au lieu de choisir entre eux, je me demande s'il n'y aurait pas lieu d'accueillir l'hypothèse suivante. Vers l'année 241 avant Jésus-Christ, on amalgama la division par centuries et la division par tribus, d'après un procédé que nous connaissons mal. Il est possible qu'à dater de ce moment l'impôt ait été réparti d'abord entre les tribus, puis entre les centuries de chaque tribu, et que Denys, oubliant que cette combinaison était nécessairement consécutive à la réforme de 241, en ait par inadvertance reporté l'adoption aux origines mêmes de *tributum*, qui pour lui remonte au règne de Servius Tullius.

Denys prétend encore que toutes les centuries étaient taxées à un chiffre uniforme. Elles comprenaient, dit-il, d'autant moins de citoyens que ceux-ci étaient plus riches, et pourtant elles fournissaient le même contingent de soldats et la même somme d'impôt. Pour qu'il en fût ainsi, il aurait fallu qu'elles possédassent toutes à peu près le même capital; sans quoi l'impôt n'aurait pas été proportionnel, et nous avons constaté qu'il l'était. Or cette condition n'était pas remplie. Il est manifeste que la centurie des ouvriers charpentiers était loin d'être aussi riche qu'une centurie de chevaliers et que les dix-huit centuries équestres représentaient en bloc une masse de biens autrement considérable que dix-huit centuries de la quatrième ou de la cinquième classe. Les mêmes différences existaient entre les tribus, et on ne remarque pas que les censeurs aient jamais songé à les supprimer. Quand ils transféraient malgré lui un citoyen d'une tribu dans une tribu voisine, c'était toujours pour l'atteindre dans son honneur, et non pour arriver à la péréquation de la matière imposable.

A l'aide des registres du cens il était aisé de savoir la portion de la richesse publique qui appartenait à une tribu ou à une centurie; il suffisait d'additionner les chiffres indiquant l'avoir des citoyens inscrits. Puis un calcul élémentaire permettait d'établir les contingents de ces divers groupes. Si la somme totale à répartir était d'un million d'as et qu'une tribu figurât sur les livres des censeurs pour un capital équivalent au vingtième du capital national, elle avait à payer 50 000 as. Un travail analogue était exécuté dans l'intérieur de chaque groupe, et on déterminait ainsi les parts individuelles d'impôt.

Y avait-il des exemptions, en dehors de ces immunités tout à fait exceptionnelles, dont Valère-Maxime nous offre un exemple, et qui n'étaient au fond que la compensation de certains sacrifices pécuniaires, volontairement consentis[1]?

D'après un récit de Tite-Live, il semble que les soldats en campagne fussent légalement affranchis du tribut. En 401, comme on avait plusieurs ennemis

---

1. Valère-Maxime, V, 6, 8. Il s'agit là de ceux qui en 214 vinrent en aide à la détresse du Trésor.

à combattre, on confia la garde des remparts aux hommes qui avaient plus de quarante-six ans; ceux-ci néanmoins furent astreints au tribut, et ils crièrent à l'injustice, alléguant qu'en défendant la ville ils accomplissaient une besogne de soldats. Pour les irriter davantage, les tribuns du peuple soutenaient que la tactique des patriciens était d'accabler une partie de la plèbe sous le poids du tribut et l'autre sous le poids du service militaire; ce qui prouve que les deux charges étaient incompatibles. La chose était peut-être vraie en 401; mais elle ne devait plus l'être pendant la seconde guerre punique, quand presque la moitié des citoyens était sous les armes. Voici d'ailleurs un fait qui atteste le contraire. Il paraît que les pertes énormes éprouvées par les Romains aux batailles de Trasimène et de Cannes eurent pour effet de diminuer sensiblement le nombre des assujettis. Qu'est-ce à dire, sinon que les soldats de Cannes et de Trasimène avaient été comptés parmi les contribuables?

Au cours de cette guerre les augures et les pontifes échappèrent à l'impôt. Était-ce par fraude ou bien invoquaient-ils un droit positif? Tite-Live ne le dit pas. Ce qu'il dit seulement, c'est qu'en 196 av. J.-C. les questeurs leur réclamèrent les sommes impayées et qu'ils les versèrent au Trésor, après avoir vainement imploré la protection des tribuns du peuple [1].

1. XXXIII, 42.

La loi exonérait les pauvres du tribut et du service, et on appliquait cette qualification à ceux dont
le cens n'atteignait pas un certain chiffre. Mommsen
prétend que ce minimum n'était pas le même dans
les deux cas. Mais il n'appuie cette opinion sur aucun
texte, et Denys, dont le témoignage n'a ici rien de
suspect, formule une assertion tout opposée[1]. Le
cens requis ne demeura pas immuable. Il était au
début de 11.000 as[2]; dans la première moitié du
second siècle il n'était plus que de 4.000 as (377 fr.)[3],
et plus tard il tomba peut-être à 1.500[4]. On élargissait
par ce moyen la base du recrutement militaire et on
augmentait la foule des contribuables. C'est un principe constant que là où existe un impôt soit sur le
capital, soit sur le revenu, le capital et le revenu ne
sont frappés qu'au-dessus d'une limite donnée. On
estime en effet qu'un avoir inférieur est indispensable
aux besoins de la vie. Telle est la règle de l'*Income-tax*
en Angleterre, de l'*Einkommensteuer* en Prusse et de
la contribution mobilière chez nous; telle était également celle de l'*eisphora* athénienne. Ce qu'il y a de
curieux à Rome c'est que, loin de s'élever avec le
temps, comme il arrive d'ordinaire, le niveau s'abaissa
graduellement. La raison en est qu'il fallait aux

1. Denys, IV, 19 et VII, 19.
2. Tite-Live, 1, 43.
3. Polybe, VI, 19, 2. Pour lui 4.000 as égalent 400 drachmes,
et la drachme valait alors 0 fr. 9437, puisque le talent valait
5.662 fr. (Hultsch, *Griech. und röm. Metrologie*, p. 236, 2ᵉ édit.).
4. Julius Paulus dans Aulu-Gelle, XVI, 10, 10.

Romains de plus en plus de soldats [1], et qu'au moins depuis 167 on ne fut plus arrêté par la crainte de surcharger d'impôts la basse classe, puisque le tribut se trouva alors aboli de fait.

Les enfants en tutelle et les femmes qui n'étaient sous la puissance ni d'un père ni d'un mari ne payaient pas le *tributum ex censu*; mais ils avaient à supporter une taxe équivalente. L'État allouait aux dix-huit cents citoyens qui constituaient l'arme de la cavalerie 10 000 as destinés à l'achat d'un cheval et 2 000 destinés à sa nourriture. Cicéron semble croire que Tarquin l'Ancien fut l'auteur de cette mesure. Tite-Live dit que Servius Tullius n'imposa que les veuves et qu'il leur demanda de pourvoir uniquement aux frais d'entretien des chevaux, laissant au Trésor les frais d'achat. D'après Plutarque, Camille, pendant sa censure (401), frappa pareillement les orphelins, et ce fut apparemment avec ce fonds-là que les cavaliers se procurèrent dorénavant leurs montures. Parmi ces allégations la plus suspecte est celle de Cicéron; car elle se fonde simplement sur une analogie problématique entre l'œuvre de Tarquin et les usages de Corinthe, d'où la famille de ce prince était peut-être issue. Doit-on supposer que les deux réformes de Servius et de Camille se complètent l'une l'autre, ou bien est-il préférable de penser que la réforme est tout

---

1. On finit même par enrôler ceux qui avaient de 1 500 à 375 as, et Marius admit tous les citoyens dans les légions (Aulu-Gelle, XVI, 10).

entière imputable à Camille, qu'elle a été antidatée partiellement par Tite-Live, et que la double allocation dont on parle, et par conséquent l'impôt des orphelins et des veuves, furent établis au moment où l'on créa la solde et le tribut? Il est impossible de rien affirmer là-dessus. Tout ce qu'on sait, c'est que la cavalerie entraînait une double dépense : 3 600 000 as pour alimenter dix-huit cents chevaux, et 1 800 000 as pour en acquérir cent quatre-vingts, ce corps se renouvelant chaque année par dixième [1], soit un total de 5 400 000 as [2]. C'est cette somme qui était répartie entre les femmes et les enfants, au prorata de leurs biens. On notera que cet impôt différait sur un point du *tributum*; il était permanent, au lieu d'être intermittent, et il est dès lors à présumer que le taux en était plus léger.

Un détail se rattache à la question des veuves et des orphelins. Le *tributum* étant un impôt réel, levé sur les biens, on est tenté de s'étonner que les Romains se soient plaints de la répercussion qu'eurent sur cette taxe les défaites sanglantes du lac Trasimène et de Cannes; car un soldat avait beau disparaître, ses biens subsistaient, et c'était eux que

---

1. On servait dix ans dans la cavalerie (Tite-Live, XXVII, 11).

2. Il s'agit là évidemment de l'as lourd (*aes grave*) de 272 grammes de cuivre et non de l'as réduit en 217 à 27 grammes (Cf. p. 201, note 1). Le total égale donc 1 350 000 francs. Les cavaliers touchaient en outre, comme les fantassins, une solde qui était prise sur le tribut (Polybe, VI, 39, 12; Tite-Live, VII, 41; Zonaras, VII, 20).

l'on frappait. Mais on n'oubliera pas que ce citoyen, mort à la force de l'âge puisqu'il était soldat, laissait son patrimoine à un enfant mineur, et que ce dernier, s'il contribuait à l'entretien de la cavalerie, était exempt du tribut.

D'autres individus étaient placés, comme lui, dans des conditions particulières, sans lui être d'ailleurs assimilés.

L'*aerarius* était le citoyen que les censeurs avaient temporairement rayé de la liste des tribus et ainsi privé du droit de suffrage. Malgré cette déchéance, il restait soumis au *tributum*, parce qu'il restait propriétaire. Un grammairien ancien dit que la taxe était pour lui un impôt de capitation; en tout cas elle était graduée d'après la fortune. Seulement, comme les censeurs évaluaient parfois les biens d'une façon fantaisiste, il pouvait se faire que l'*aerarius* fût démesurément surchargé[1]. C'était en réalité une peine qu'il subissait, jusqu'à ce que d'autres censeurs le ramenassent au droit commun.

Aux *aerarii* la loi identifiait les *Caerites*. Ceux-ci étaient des Italiens que Rome avait gratifiés de tous les droits du citoyen, sauf le droit de vote. Habituellement cette faveur était octroyée non pas à des personnes isolées, mais à des communautés. Si l'on ne voit pas bien de quelle manière les Caerites étaient recensés, on sait qu'ils figuraient sur les rôles à côté

_____
1. Tite-Live, IV, 24.

des *aerarii*, c'est-à-dire en dehors de la liste des citoyens complets. Peut-être le *tributum* était-il aussi pour eux un impôt de capitation; mais la chose n'est pas sûre.

Les cités latines avaient une double obligation : elles devaient fournir à Rome des soldats et les entretenir à leurs frais. Cette dernière charge correspondait pour elles au tribut, et les fonds avaient la même destination, puisqu'ils étaient employés aux dépenses du contingent local. En 204 ce système fut supprimé pour douze d'entre elles, qui en 209 avaient refusé leur concours aux Romains. A l'avenir leurs magistrats municipaux procédèrent au cens d'après les règles usitées à Rome, et sur les biens officiellement déclarés le fisc prit tous les ans un as pour mille. C'était là une innovation par rapport à la pratique romaine, et, quoi qu'en dise Mommsen, nous ignorons si elle demeura toujours en vigueur dans les douze cités rebelles, et surtout si elle fut étendue ultérieurement aux autres. Un texte de Cicéron nous autorise à avoir des doutes sur le second point.

On ne sait pas par qui le tribut était recouvré. Il n'y a de certain que le droit de coercition des questeurs à l'égard des récalcitrants et des retardataires. Si leurs sommations étaient sans effet, ils traitaient l'individu comme un débiteur public : ils saisissaient ses biens et les vendaient aux enchères. Quant à la vente et à l'emprisonnement du débiteur lui-même, le consul seul pouvait les ordonner, et Mommsen rappelle qu'on n'en rencontre point d'exemple. Dans la réalité on se contentait de l'exécution sur le patrimoine.

Il n'entre pas dans notre sujet de rechercher comment l'impôt était employé. Nous ne devons pas pourtant négliger une théorie de Mommsen qui concerne à la fois le mode d'emploi et le mode de recouvrement. D'après lui, le tribut, tout en figurant sur les livres des questeurs, ne passait pas par le Trésor; les tribuns le retenaient par devers eux; ils en disposaient conformément aux lois, et, en fin d'exercice, ils réglaient leurs comptes avec l'État. Cette opinion dérive tout entière de la signification du mot *attribuere*. D'une phrase où Tite-Live dit à propos de l'impôt des veuves qu'elles étaient « attribuées aux cavaliers »[1], Mommsen conclut que l'État déléguait sa créance sur les contribuables aux soldats dont il était le débiteur, et qu'il laissait à ceux-ci le soin de se faire payer par ceux-là. Mais entre les uns et les autres il y avait tout au moins un intermédiaire, le *tribunus aerarius*. C'était le tribun qui recevait l'argent, soit du Trésor représenté par les questeurs urbains, soit directement des contribuables, et c'était lui qui le remettait au soldat. Bien plus, si ce dernier était frustré de sa part, ce n'était pas au contribuable qu'il la réclamait, c'était au tribun, et son droit allait jusqu'à la saisie des biens[2]. L'attribution dont parle Tite-Live n'avait donc pas la portée que lui donne

1. Tite-Live, I, 43.
2. Caton dans Aulu-Gelle, VI (VII), 10.

Mommsen, et elle n'était au fond que l'affectation stricte d'une recette déterminée à une dépense déterminée.

Les tribuns ne conservèrent pas indéfiniment leur fonction de payeurs; peut-être même la perdirent-ils assez vite. Quand les expéditions étaient courtes et qu'au bout de quelques semaines ou de quelques mois le citoyen revenait dans ses foyers, on conçoit qu'il fût payé à Rome par eux. Mais lorsque les armées se répandirent au loin et qu'elles y séjournèrent longtemps, ce procédé ne fut plus praticable. Pendant la seconde guerre punique la solde était envoyée de la ville et touchée sur place. Dans ce cas, les tribuns, qui évidemment n'accompagnaient pas les légions, étaient incapables de remplir leur office, qui sans doute fut transféré aux questeurs militaires, adjoints au général en chef.

IV

Contributions de guerre et butin. — Abolition de l'impôt sur le capital en 167 av. J.-C. — Taxes de l'année 43 av. J.-C.

Caton disait que « la guerre doit nourrir la guerre ». Cette maxime fut suivie de tout temps par les Romains de la République, et le tribut en était souvent allégé.

Il n'était pas rare qu'un général vainqueur imposât à l'ennemi la charge de fournir la solde de ses troupes. En 394 et en 293 on accorda la paix aux habitants de

Faléries sous cette condition. La même clause figura dans la trêve de vingt ans qui fut conclue avec les Volsiniens en 391. Une autre trêve signée avec les Étrusques en 308 stipula que l'armée romaine recevrait de ceux-ci la solde entière de l'année et deux tuniques par homme. Pour une simple suspension des hostilités, les Samnites durent verser en 344 le montant de la solde annuelle et trois mois de vivres. Pline dit que par la défaite des Samnites et la prise d'Anagnia Q. Marcius Tremulus en 306 affranchit le peuple du tribut. En 205, quand les Espagnols demandèrent à traiter, ils donnèrent le double de la solde, du blé pour six mois et des effets d'habillement. Après la bataille de Zama, Scipion ne consentit à interrompre ses opérations militaires en vue des négociations de paix que si les Carthaginois s'engageaient à payer et à nourrir ses troupes pendant l'armistice. Ces contributions de guerre aboutissaient de toute manière au dégrèvement ou à la suppression de l'impôt de guerre.

Parfois l'armée était invitée par le Sénat à se suffire à elle-même. En 216 les propréteurs de Sicile et de Sardaigne écrivirent qu'ils n'avaient ni argent ni blé. On leur répondit qu'il était impossible de leur rien expédier ; ils devraient se tirer d'affaire comme ils pourraient. Le premier n'eut d'autre ressource que de s'adresser au tyran de Syracuse, Hiéron, ami des Romains, et il obtint de lui les fonds nécessaires à la solde, avec six mois de blé. Son collègue fit appel aux cités alliées de Sardaigne, qui de gré ou de force l'assistèrent. L'année d'après les Scipions se virent en Espagne réduits à la même gêne; il leur fallait du blé, de l'argent et des vêtements; ils déclaraient pourtant que, si le Trésor était à sec, ils tâcheraient de se procurer la solde dans le pays; on les prit au mot et on ne leur envoya que le reste. En 180, le gouverneur de la province d'Espagne Citérieure avertit le Sénat qu'il n'avait besoin ni de vivres, ni d'argent; ce qui indique qu'il tirait tout des indigènes. C'était là encore autant d'épargné pour les contribuables romains.

Une guerre heureuse donnait toujours du butin. On sait en effet que d'après les idées antiques la guerre était le plus légitime de tous les modes d'acquérir et que le vainqueur avait le droit de s'emparer non seulement des propriétés publiques du peuple vaincu, mais même des propriétés privées. De ce butin il revenait aux soldats ce qu'il plaisait au général de leur laisser; car il leur était défendu d'en rien détourner. La distribution était faite, soit pendant la campagne, soit à Rome, au moment de licencier les troupes. Les parts étaient égales; mais d'ordinaire le centurion touchait deux fois plus et le cavalier trois fois plus que le fantassin. Nous ne connaissons de ces largesses que celles qui eurent lieu après les expéditions, et nous constatons qu'elles étaient assez modestes. Le plus ancien chiffre qui nous ait été transmis se réfère à l'année 295; il est de 82 as par tête (20 fr. environ) [1]. Après la guerre punique Scipion l'Africain accorda 400 as (100 fr.) [2], et dans la période qui va de l'année 200 à l'année 167 les gratifications oscillèrent entre un minimum de 70 as (17 fr.) et un maximum de 200 deniers (215 fr.). Il semble qu'au début ces libéralités étaient considérées comme une compensation du tribut versé [3]. Mais à la longue on finit par y voir un pur bénéfice, et on les exigea chaque fois, même quand on n'avait pas eu d'impôt à payer.

Elles étaient bien loin d'absorber le produit total du butin. Tout général se croyait tenu d'enrichir le Trésor avec les dépouilles de l'ennemi. Il le faisait par patriotisme, par amour-propre, et aussi par intérêt; car l'éclat de son triomphe en dépendait. Tite-Live nous donne, année par année, à partir du second siècle, le relevé des sommes qui de ce chef furent acquises par l'État. Si l'on y joint les indemnités de guerre arrachées à Carthage et à Antiochus de Syrie [4], on devine qu'elles montèrent à plusieurs centaines de millions. Les Romains profitèrent de cette bonne aubaine pour constituer une réserve métallique. Ils en possédaient déjà une, qui était alimentée par la taxe

1. L'as de cette époque était l'as lourd de 272 grammes, qu'on évalue à 0 fr. 25.
2. Depuis l'année 217 l'as ne pesait plus que 27 grammes; mais dans les paiements militaires il avait gardé son ancienne valeur.
3. Tite-Live, V, 20; X, 46.
4. Carthage dut payer en cinquante annuités 10 000 talents, ou 57 millions de francs. Antiochus dut payer 15 000 talents ou 85 millions en quatorze échéances.

sur les affranchissements et qui devait parer aux difficultés suprêmes d'un grave danger national. On y
avait pris 1 310 kilogrammes d'or en 209, et il est possible qu'on l'eût épuisée, soit à ce moment-là, soit
depuis. Les gains que la guerre procura dans la première moitié du second siècle permirent de former un
nouveau trésor, plus largement pourvu. On y entassa
l'argent monnayé, les lingots et les objets précieux que
les généraux raflaient partout, et on eut ainsi sous la
main un capital sans cesse accru, qui était une sorte
de fonds de roulement pour cette industrie lucrative
qu'était la guerre.

Le tribut devint dès lors inutile. Désormais, quand
une guerre éclata, on trouva toujours dans l'*aerarium*
assez d'argent pour suffire aux dépenses, et s'il en
résultait une diminution momentanée de l'encaisse, le
butin ne tardait pas à l'augmenter après la paix. Les
historiens anciens fixent à l'année 167 avant J.-C.
la disparition définitive de l'impôt sur le capital. A
cette date, Paul-Émile, vainqueur de la Macédoine,
apporta 300 millions de sesterces (60 millions de fr.),
et ce brusque enrichissement rendit superflu tout
appel ultérieur au tribut. On n'eut pas besoin de le
supprimer, puisqu'il n'avait jamais compté parmi les
recettes régulières du budget. Comme l'emprunt chez
nous, c'était une ressource extraordinaire, dont l'objet
propre était de tirer la Trésorerie d'embarras. Quand
la Trésorerie ne fut plus embarrassée, le tribut n'eut
plus de raison d'être. Néanmoins il continua d'exister,

pour ainsi dire, à l'état latent. Cicéron envisageait telle éventualité où l'on serait obligé d'y recourir encore, et le cas se produisit peu après, en 43 avant J.-C.

La taxe décrétée par les triumvirs dans cette circonstance n'eut presque rien de commun avec l'ancienne. Elle pesait sur les individus, citoyens ou non, qui avaient plus de 400 000 sesterces (80 000 fr.), et sur quatre cents femmes choisies parmi les plus riches. Elle comprenait à la fois un emprunt forcé de 2 p. 100 et un impôt de 10 p. 100 du capital; mais, sous prétexte de fraudes dans les déclarations des biens, on multiplia les confiscations. Dion Cassius y ajoute d'autres charges qui font double emploi avec la précédente et qui peut-être la remplacèrent. Appien se contente d'y joindre un droit sur les successions et un impôt sur les esclaves, tous deux de création postérieure. A la veille de la bataille d'Actium, on établit une taxe du huitième sur le capital des affranchis domiciliés en Italie, dont la fortune dépassait 50 000 drachmes (47 000 fr. environ), et une taxe de 25 p. 100 sur le revenu foncier des hommes de naissance libre qui avaient des terres dans la péninsule. Mais on était depuis la mort de César en pleine période révolutionnaire, et les mesures fiscales s'en ressentaient.

VI

HISTOIRE D'UN FINANCIER ROMAIN [1]

L'homme dont je voudrais parler ici mérite quelque
attention, parce qu'on peut, d'après lui, se faire une
idée de ce qu'étaient ces grands manieurs d'argent,
ces grands oiseaux de proie, dont le rôle à Rome eut
une importance si considérable. A concentrer ses
regards sur le Sénat, le peuple, les consuls et les tribuns, on risque de ne prendre qu'un aperçu très
incomplet de l'histoire de cette république. C'est dans
le monde des capitalistes qu'il faut pénétrer parfois
pour en saisir les ressorts et en démêler les secrets. A
ce titre, Rabirius est, comme on dit, tout à fait
« représentatif ». Sauf les incidents dramatiques de
son séjour en Égypte, bien des gens eurent une existence pareille à la sienne. Ses opérations, ses pensées,
son influence furent à peu près les leurs, et, à envisager les choses en gros, il n'est pas téméraire d'af-

1. *Revue de Paris*, 15 janvier 1903.

firmer d'eux ce que nous savons de lui. Mais, tandis que ceux-ci nous sont inconnus, souvent même de nom, lui, au contraire, est arrivé à la postérité. La demi-lumière qui l'entoure tient à ses malheurs. Il a eu la chance d'avoir un procès scabreux et d'être défendu par Cicéron [1]; c'est ce qui a préservé sa mémoire de l'oubli.

I

Origine de C. Rabirius Postumus. — Ses opérations financières. — Son influence.

Au commencement du Ier siècle avant notre ère, il y avait à Rome un riche financier qui s'appelait Caius Curtius. C'était, nous dit-on, « le principal personnage de l'ordre équestre [2] ». Il laissa un fils posthume, qui fut adopté par son oncle maternel sous le nom de Caius Rabirius Postumus. L'enfant y trouva un double avantage : d'abord ses intérêts furent en bonnes mains pendant sa minorité; de plus, comme il avait deux pères, il recueillit aussi deux successions, si bien qu'à l'âge d'homme il se vit possesseur d'une grosse fortune, qui s'accrut encore dans la suite.

1. Cicéron, *Pro C. Rabirio Postumo.*
2. L'ordre des chevaliers ou l'ordre équestre comprenait alors tous les citoyens qui, sans faire partie du Sénat, possédaient au moins 400 000 sesterces (80 000 francs). Le Sénat était un corps inamovible; on y entrait par l'exercice de la questure, et on pouvait, sans en sortir, remplir les autres magistratures de l'État (tribunat de la plèbe, édilité, préture, consulat).

Il n'était pas rare qu'un fils de chevalier abandonnât la carrière paternelle pour s'engager dans la politique. Il posait alors sa candidature aux fonctions publiques, il entrait au Sénat, il allait administrer les provinces. Ces honneurs étaient fort recherchés; car ils conféraient la noblesse, et la noblesse fut toujours plus estimée à Rome que la richesse. La seule illustration qui comptât était celle qui découlait de l'exercice des hauts emplois de l'État, et on était en général beaucoup plus fier d'appartenir à une famille sénatoriale qu'à une famille équestre.

Cette condition ne flattait pas simplement la vanité; elle était également une source de profits. La politique en effet était une occupation lucrative, surtout pour les gens dénués de scrupules. Sans parler des occasions multiples qu'elle leur offrait dans Rome même, il est notoire qu'un gouvernement provincial était un moyen infailllible de s'enrichir, et, pourvu qu'on sauvât les apparences, on y pouvait voler en toute impunité. D'ailleurs les bénéfices licites étaient eux-mêmes très élevés, puisqu'ils atteignirent pour Cicéron, au bout d'un an, la somme de quatre cent quatre-vingt mille francs.

Il était naturel que, parmi les chevaliers, plusieurs se laissassent séduire par ces brillantes perspectives; mais la plupart résistaient à la tentation. Ceux qui redoutaient les orages de la politique, ceux qui ne se sentaient pas les qualités requises pour parvenir aux magistratures, ceux qui étaient soucieux avant tout

de gagner de l'argent, tous ceux-là demeuraient
fidèles à la profession de leur père et restaient exclusivement des hommes de finance. D'autres y étaient
contraints, malgré eux, par l'état des mœurs publiques. Autant il était facile alors, pour un fils de sénateur, d'acquérir la préture ou le consulat, autant la
chose était malaisée pour le commun des citoyens.
L'aristocratie sénatoriale avait fini par former uue
coterie, qui prétendait s'attribuer le monopole du
gouvernement. Le peuple était nominalement maître
des élections; mais, en réalité, c'était la noblesse qui
les dirigeait à son gré. Quelques familles accaparaient
presque toutes les dignités, et on considérait comme
une anomalie l'arrivée au pouvoir d'un « homme
nouveau ».

Le jeune Rabirius n'essaya même pas de risquer
l'aventure. Il fut, toute sa vie, ce qu'avaient été son
père et son oncle, un manieur d'argent.

En premier lieu, il prêtait des fonds aux particuliers. Il ne devait pas manquer de clients à une époque
où les auteurs nous signalent les dettes comme le
grand fléau de la société. Le taux de l'intérêt tombait
parfois assez bas, puisque Cicéron écrivait en 54
avant J.-C. qu'on se procurait sans peine des capitaux à 4 p. 100. Mais, à l'approche des élections,
quand il fallait acheter les suffrages, il montait à
8 p. 100, et on citait des individus qui réclamaient
toujours le taux légal de 12 p. 100. Comme les plus
gros emprunteurs étaient habituellement des gens

avides de luxe et de plaisir ou des ambitieux qui escomptaient d'avance les gains futurs de la politique, il est probable qu'ils ne regardaient pas de très près aux conditions qu'on leur offrait, et qu'un créancier adroit pouvait abuser de l'insouciance des uns et de la hâte des autres.

Les prêts aux municipalités étaient encore une des spéculations favorites de Rabirius. Une foule de cités provinciales étaient alors obérées. Elles l'étaient à la fois par leur faute et par la faute des Romains. Plusieurs s'engageaient dans des dépenses exagérées qui engendraient le déficit. D'autres étaient en proie à la rapacité de leurs magistrats locaux, qui les pillaient sans vergogne. En temps normal, Rome ne paraît pas avoir trop exigé d'elles ; mais les contributions extraordinaires dont elle les frappait en temps de guerre, les amendes excessives qu'elle leur infligeait à la suite d'une émeute ou d'une défection, les abus innombrables qui accompagnaient la levée des taxes, étaient pour elles un surcroît de charges qui les acculait souvent à la nécessité d'emprunter, et dans ce cas il y avait toujours sur les lieux quelque usurier romain ou quelque représentant d'une grosse banque pour les satisfaire. Ce genre de trafic était très fructueux. Tout le monde n'était pas aussi dur que le fameux Brutus, qui une fois stipula un intérêt de 48 p. 100 ; mais on ne descendait guère au-dessous de 12 p. 100, et le plus fréquemment ce taux était dépassé. Or, si l'on songe qu'à cette date le taux usuel était à Rome de 4 p. 100, on verra combien il était avantageux de prêter aux provinciaux, fallût-il pour cela s'endetter soi-même. Au reste, depuis l'année 67 avant J.-C. tout emprunt direct sur la place de Rome fut interdit à ces derniers ; on voulait qu'ils empruntassent aux Romains établis au milieu d'eux, c'est-à-dire là où les capitaux se louaient le plus cher.

Rabirius comptait jusqu'à des rois parmi ses débiteurs. Dans l'antiquité comme de nos jours, il se rencontrait des souverains que leurs prodigalités ou la mauvaise organisation de leurs finances obligeaient à aller chercher des ressources sur le grand marché de l'argent. Rome étant alors dans le monde méditerranéen ce que Londres est aujourd'hui dans le monde entier, c'est à Rome que ces princes s'adressaient. Plusieurs d'entre eux nous sont connus ; mais combien peut-être dont les noms nous échappent ! Pour ne citer qu'un exemple, le roi de Cappadoce, Ariobarzane, devait à Pompée un intérêt annuel de plus de 2 250 000 francs et à Brutus un intérêt de 560 000 francs au moins. Les arrérages absorbaient et au delà tout le produit de ses impôts, et sa pénurie était telle qu'il avait perdu tout crédit. « On n'imagine pas, écrivait Cicéron, un royaume plus dépouillé ni un roi plus pauvre. » Son éloignement n'était pas une sécurité pour lui. Le proconsul de Cilicie, son voisin, ne cessait d'appuyer les réclamations de ses créanciers, parfois en leur fournissant un détachement de cavalerie. Rien n'atteste que Rabirius ait eu des relations avec lui; mais il en eut certainement avec d'autres, et je présume qu'il les rançonna de son mieux.

Enfin il prenait une large part aux adjudications publiques. C'était une règle invariable à Rome que l'État n'exécutât rien par voie de régie; tout se donnait à l'entreprise, depuis la perception des impôts jusqu'à la construction des édifices et au transport des fournitures destinées aux armées. Nous ne savons pas quelle était la spécialité de Rabirius, ni même s'il en avait une. J'imagine qu'il s'occupait principalement des impôts. A cet effet, il se formait des sociétés financières, semblables à celles qui existaient chez nous sous l'ancien régime. Quand les censeurs mettaient aux enchères, pour une période de quatre ans, la ferme d'une taxe, chacune faisait ses offres, et on accordait la préférence à la Compagnie dont les conditions étaient les meilleures pour le Trésor. Une fois le marché conclu, elle levait la taxe à ses risques et périls, et ses bénéfices étaient constitués par l'excédent de ses encaissements sur ses versements. La loi déterminait avec précision les charges qui pesaient sur les contribuables; mais elle n'était pas toujours respectée, et la cupidité des « publicains », comme on les appelait, extorquait habituellement aux particuliers bien plus qu'ils ne devaient, souvent avec la connivence des gouverneurs, qui toléraient leurs rapines au prix de larges pots-de-vin. Cicéron affirme que Rabirius avait de gros intérêts dans ces fermes.

Ce personnage, en somme, était un financier de

grande envergure. Son activité ne se limitait pas à
Rome ni à l'Italie; elle rayonnait sur les provinces et
franchissait même la frontière. Il avait des fonds
un peu partout, et on est conduit par suite à se
demander si c'était seulement avec son patrimoine
qu'il faisait face à des opérations aussi vastes. Il est
visible, d'après le témoignage de Cicéron, qu'il se
servait autant de l'argent des autres que du sien.
Lorsqu'on nous dit, en effet, qu'il « enrichissait ses
amis » et qu'il leur « attribuait des parts », il s'agit
de s'entendre sur le sens de ce langage. Il ne signifie
pas que Rabirius les comblait bénévolement de ses
libéralités, et qu'il travaillait à augmenter leur fortune
par plaisir, par pure affection, et sans qu'ils y fussent
pour rien, mais plutôt qu'il les associait à ses entreprises. Il y avait à Rome beaucoup d'argent, et
chacun, comme il était naturel, cherchait pour ses
écus un bon placement. Or il n'était pas facile à un
individu inexpérimenté de dénicher des débiteurs
honnêtes et solvables; bien des gens reculaient
devant un si lourd tracas. Le plus simple alors était
de confier ses fonds à un banquier; celui-ci les faisait
valoir à sa guise, et il remettait en échange à son
client soit un intérêt fixe, soit une portion de ses
bénéfices. Les riches sénateurs n'avaient pas le droit
de se livrer ostensiblement à une opération financière;
il leur était notamment défendu de passer un marché
avec l'État. Mais ils avaient la faculté de commanditer
un publicain et de participer secrètement à ses

affaires ; les actions qu'il leur délivrait étaient les « parts » dont parle Cicéron. Tout banquier en renom voyait affluer chez lui une masse de capitaux qui sollicitaient la faveur d'être accueillis dans sa caisse, et ses ressources se trouvaient ainsi multipliées par le crédit[1].

Il est aisé d'apprécier l'influence qu'exerçait un homme comme Rabirius. Il avait pour lui le prestige qui naît de l'opulence et la puissance que confèrent les moyens dont on dispose pour nuire ou pour obliger. Il tenait sous sa dépendance ses débiteurs par les craintes qu'il leur inspirait, et ses associés par les avantages pécuniaires qu'il leur assurait. Tout un monde de gens avides ou besogneux s'agitait autour de lui, et ce n'étaient peut-être pas les membres de l'aristocratie qui se montraient le moins empressés à le cajoler. Il n'avait pas seulement une grande situation sociale ; il était aussi en mesure d'agir sur le gouvernement, et il avait derrière lui, pour le seconder, la classe entière des chevaliers, dont il était un des principaux chefs. Très souvent, à Rome, la politique était menée par les financiers, et ceux-ci lui imprimaient la direction qui convenait le mieux à leurs calculs. Indifférents aux querelles des factions, ils étaient uniquement des hommes d'argent. Quiconque favorisait leurs spéculations, même les plus iniques et les plus éhontées, était sûr d'avoir leurs

1. M. Deloume a mis tout ceci en lumière dans un ouvrage intitulé : *les Manieurs d'argent à Rome* (Paris, 1892, 2ᵉ édition).

sympathies. Ils étaient amis de l'ordre, parce que les troubles alarmaient les capitaux et menaçaient la richesse. Ils poussaient aux guerres de conquête et aux annexions territoriales, parce qu'elles avaient pour effet d'élargir le champ de leurs opérations. Ils voulaient par-dessus tout s'enrichir aux dépens de l'État et des provinciaux. Suivant qu'ils se portaient vers le peuple ou vers le Sénat, ils donnaient à l'un ou à l'autre la prépondérance. Chaque parti avait donc un égal intérêt à rechercher leur appui, et ainsi c'étaient les chevaliers qui, par un simple jeu de bascule, réglaient à leur gré et à leur profit la marche des affaires. Le sort de la République était presque entre leurs mains, en ce sens qu'elle ne pouvait être sauvée que par leur alliance avec le Sénat, et, si elle succomba, ce fut en partie parce qu'ils se détachèrent de lui.

II

Ptolémée Aulète, roi d'Égypte. — Ses premiers rapports avec Rabirius. — Sa chute. — Son séjour à Rome. — Ses emprunts. — Sa restauration.

Le plus grave événement de la vie de Rabirius fut son aventure d'Égypte[1].

Depuis longtemps la politique immuable des rois

---

1. Les affaires d'Égypte ont été bien débrouillées par M. Bouché-Leclercq dans son *Histoire des Lagides*, II, p. 125 et suiv. J'insiste ici de préférence sur le côté financier.

de ce pays était de cultiver l'amitié du peuple romain,
et ils s'en étaient parfois bien trouvés; on n'a qu'à se
rappeler la circonstance célèbre où un ultimatum de
l'ambassadeur Popilius obligea le roi de Syrie à
évacuer le delta du Nil. Mais peu à peu cette amitié
était devenue un véritable protectorat, et les Ptolémées
avaient à peu près perdu toute indépendance. Il arriva
même quelque chose de plus en l'année 81 avant
Jésus-Christ. A la mort de Ptolémée XII, le bruit se
répandit que ce prince avait légué ses États aux
Romains. Il est vrai que l'existence du testament était
contestée, et, en somme, ce point n'a jamais été éclairci.
En tout cas, le Sénat ne jugea pas à propos de revendiquer l'héritage et laissa Ptolémée XIII prendre
possession de son trône.

Mais la situation de ce dernier n'en était pas moins
très précaire. D'abord il était fort jeune, puisque à son
avènement il n'avait pas plus de huit ou neuf ans.
En outre, il était bâtard, et par conséqnent ses droits
à la couronne reposaient sur un titre douteux. Enfin,
les Romains restaient libres d'invoquer à tout instant
contre lui le mystérieux testament qui avait été provisoirement écarté, mais dont nul ne niait officiellement l'authenticité. Placé sous cette épée de Damo-
clès, il vivait dans des transes continuelles. Rien
n'indiquait sans doute que le Sénat eût l'intention
de le dépouiller. Des raisons de politique intérieure,
peut-être aussi la peur de quelques complications en
Orient, rendaient cette assemblée tout à fait hostile à

l'annexion. Mais si elle allait changer d'avis ! ou bien si le peuple lui forçait la main ! Quel malheur pour un prince qui se sentait incapable de résister !

On devine dès lors les intrigues de tout genre auxquelles il dut se livrer pour conjurer le péril. Entretenir à Rome des émissaires chargés de le renseigner sur l'état des esprits, agir sur l'opinion publique, gagner les chefs de parti, les sénateurs de marque, par des protestations de fidélité et surtout par l'argent, telle fut pendant plusieurs années la tactique de Ptolémée ou de ceux qui gouvernaient en son nom. Son inquiétude fut portée à son comble lorsqu'il apprit que César avait été élu consul avec l'aide de Pompée et de Crassus. Ces trois personnages, désormais unis pour dominer l'État, ne lui disaient rien qui vaille. Tout récemment, il avait essayé d'intéresser Pompée à sa cause en lui envoyant de l'argent et des troupes durant la campagne de Syrie; Pompée avait tout accepté, mais n'avait rien fait pour lui. Quant à César et à Crassus, ils avaient, quelques années auparavant, demandé expressément que l'Égypte fût réduite en province romaine; un projet de loi avait même été rédigé dans ce sens, et le veto des tribuns en avait seul empêché l'adoption. Ces souvenirs étaient de nature à préoccuper vivement Ptolémée. Mais c'est précisément à l'heure où il croyait avoir le plus de sujets de crainte qu'il fut sauvé.

César devait partir pour la guerre des Gaules au lendemain de son consulat, et il ne se souciait pas de laisser sans solution cette affaire d'Égypte qui pouvait, pendant son absence, procurer à Pompée, son ami mais son rival, l'occasion de quelque mission en Orient, d'où il reviendrait plus puissant et plus riche que jamais. Il avait un autre motif pour la liquider au plus vite, c'étaient ses besoins pécuniaires. Je doute qu'il se fût déjà débarrassé du lourd fardeau de dettes qui pesait naguère sur lui, quand il était allé gouverner l'Espagne; je suppose qu'il n'avait pas amassé en un an cinq ou six millions dans cette province. Mais, en admettant qu'il eût tout remboursé, combien lui fallait-il d'argent pour entreprendre la guerre qu'il méditait, cette guerre que le Sénat voyait d'un si mauvais œil, et où il était probable qu'on le laisserait se débrouiller tout seul! A ce titre, les angoisses de Ptolémée étaient une excellente aubaine pour lui, et, comme il avait aussi peu de moralité politique que la plupart de ses contemporains, il se garda bien de la négliger, d'autant plus que dans l'espèce ses intérêts propres ne paraissaient pas être en désaccord avec ceux de l'État.

Il accueillit donc les ouvertures du roi, et il s'engagea, moyennant six mille talents (trente-quatre millions de francs), à le faire reconnaître pour souverain légitime de l'Égypte. Ce magnifique pot-de-vin n'était pas destiné tout entier à César; Pompée, Crassus, d'autres encore, durent en avoir leur part. On soupçonne en effet qu'il y eut à Rome des résistances peut-être difficiles à vaincre. Quoi qu'il en soit, le traité fut loyalement exécuté. Deux actes successifs, un sénatus-consulte et un plébiscite, déclarèrent Ptolémée « allié et ami du peuple romain », et par cela même le consolidèrent définitivement sur son trône en 59 avant Jésus-Christ. Il est vrai que cette faveur lui était personnelle et ne s'étendait pas à ses héritiers; mais c'était tout ce qu'il demandait pour le moment. Le roi ne paya qu'une partie de la somme promise; car, douze ans après, César avait encore sur ses enfants une créance de seize millions, qui remontait sûrement à la date de 59[1]. Rabirius fut mêlé à tous ces pourparlers. C'est lui qui versa au nom du roi les acomptes immédiatement exigibles, et les fonds ne lui furent pas envoyés d'Alexandrie; il les puisa dans sa caisse.

Six mille talents représentaient à peu près la moitié des recettes du budget égyptien[2]. Le roi fut donc obligé d'augmenter sensiblement les impôts, et même d'altérer les monnaies, pour suffire à la charge nouvelle dont sa dette aggravait ses finances. A cette cause d'impopularité s'en joignit bientôt une autre. Son frère régnait sur l'île de Chypre, qui était une sorte d'apanage de la monarchie ptolémaïque. Les Romains n'avaient rien à lui reprocher, et pourtant le tribun Clodius, sous le fallacieux prétexte qu'il encourageait la piraterie, obtint en 58 le vote d'une loi qui confisquait purement et simplement ses États

1. Plutarque, *César*, 48.
2. Strabon, XVIII, p. 798 (d'après Cicéron).

avec ses trésors. L'opération, confiée à l'intègre Caton, rapporta quarante millions. Elle ne souleva aucune difficulté, soit de la part du prince spolié, qui se tua, soit de la part du roi d'Égypte, qui aurait pu agir au moins par la voie diplomatique, et qui par prudence ne bougea pas. Sa lâcheté indigna profondément ses sujets. Déjà les Romains s'étaient emparés de la Cyrénaïque; maintenant c'était Chypre qu'ils prenaient; si on les laissait faire, l'Égypte elle-même ne tarderait pas à être menacée, et les Alexandrins ne désiraient nullement l'annexion.

De toutes les villes de l'antiquité, Alexandrie était la plus frondeuse et la plus turbulente. Elle avait une population de plusieurs centaines de mille habitants de toute origine, indigènes, Grecs, métis, Juifs, sans compter les Éthiopiens, les Libyens, les Arabes, les Perses, les Indiens que le commerce y attirait, et cette multitude, qu'un rien irritait, courait vite aux pires violences, sous l'impression du moment, sans réfléchir aux suites de ses emportements. Les émeutes étaient fréquentes et terribles. Lâches par nature, les Alexandrins avaient des colères soudaines, qui les rendaient braves et féroces. Pour un refus opposé à une pétition insignifiante, pour une querelle entre un soldat et un passant, pour une saisie de denrées avariées, pour un esclave châtié, pour un chat tué par mégardè, on s'attroupait, on s'armait de pierres, de bâtons et de couteaux, on pillait, on massacrait, et on se faisait massacrer. Les rois n'avaient pour se protéger que des mercenaires. Or, en 58, la garnison était peu nombreuse, peut-être parce que Ptolémée avait été forcé de la réduire par raison d'économie. Un beau jour, soit qu'il ne se sentît plus en sûreté, soit qu'une sédition populaire le condamnât à fuir, il s'embarqua secrètement pour Rome, la ville alliée. A Rhodes il vit Caton, venu là pour l'affaire de Chypre. Après avoir vainement attendu sa visite, il alla chez lui. Caton le reçut comme un individu quelconque; mais il lui donna le sage conseil de rebrousser chemin; il offrit même de l'accompagner à Alexandrie et de le réconcilier avec ses sujets. Il l'avertit charitablement des ennuis qu'il aurait à Rome; il lui faudrait acheter tous les hommes influents, et leur cupidité était telle que « l'Égypte entière, convertie en argent, pourrait à peine l'assouvir ». L'avis parut bon au roi; mais ses amis l'empêchèrent de le suivre et il continua sa route.

Ptolémée XIII était un assez triste sire. Parmi les derniers souverains de cette dynastie viciée par l'abus des mariages consanguins et des plaisirs, il semble avoir été un des plus médiocres. Les Alexandrins l'appelaient Aulète, c'est-à-dire le flûtiste, à cause de sa prédilection pour l'instrument préféré de Dionysos. Il avait une dévotion particulière pour ce dieu, dont il prenait volontiers le nom, et il goûtait fort ses cérémonies. Or le culte dionysiaque était caractérisé par des scènes d'une incroyable immoralité. C'est sans doute pour ce motif que le roi y trouvait tant d'attraits. Il ne se contentait pas « d'établir dans son palais des concours de musique en l'honneur du dieu », et « de se mêler aux concurrents pour disputer le prix »; il aimait encore à se parer de vêtements de femme, à s'enivrer et à danser, comme les autres, au bruit des cymbales. Le personnage n'avait donc rien d'intéressant par lui-même, et aucune raison sérieuse ne militait en faveur de sa restauration, sauf peut-être le désir de montrer que Rome n'abandonnait pas ses alliés. A Alexandrie, un gouvernement avait été organisé, faible, il est vrai, et peu solide; mais ce devait être là, aux yeux du Sénat, une qualité de plus et non pas un défaut.

Aulète cependant rencontra, dès son arrivée, de vives sympathies. C'était la seconde fois que cette bonne vache à lait s'offrait aux appétits, et sa présence les aiguisa singulièrement. Les plus ardents à le défendre furent ceux qui l'avaient déjà obligé, et parmi eux Rabirius. On se rappelle que l'année précédente ce dernier avait prêté à Ptolémée une partie des fonds qui lui avaient permis d'acheter l'amitié du peuple romain. Cette dette n'avait pas été remboursée, et elle ne pouvait l'être que si le débiteur recouvrait son royaume. D'autres que Rabirius étaient peut-être dans le même cas et faisaient le même calcul. Ils ne se bornèrent pas à appuyer les démarches du roi; ils l'aidèrent encore de leurs deniers. Rabirius notamment, convaincu que ce prince rentrerait bientôt en possession de sa couronne, lui ouvrit de nouveau sa

bourse et celle de ses amis. Aulète, nous dit-on,
« suppliait, demandait beaucoup, promettait davantage »; il était, je pense, très coulant sur les conditions; le banquier craignait de perdre ses créances
antérieures, s'il lui refusait les moyens de préparer
son retour. Il fut donc forcé de continuer ses avances.
Comme le remarque Cicéron à ce propos, « il est
difficile, quand on s'est engagé avec de grandes espé-
rances dans une entreprise, de ne pas la suivre jusqu'au bout ». Ces emprunts successifs durent atteindre
un chiffre très élevé; car les dépenses de Ptolémée
pendant son séjour à Rome furent considérables, et
il est probable qu'il épuisa vite l'argent qu'il avait
emporté d'Alexandrie.

Il avait un train de maison dont Cicéron atteste la
magnificence. Pompée l'avait logé dans sa villa des
monts Albains, pour bien indiquer qu'il le patron-
nait; mais il ne le défrayait pas de tout, lui et son
entourage, et l'on connaît les habitudes de luxe des
monarques d'Orient. Les Alexandrins avaient dépêché
à Rome une députation de cent membres pour justifier
leur conduite et incriminer celle de Ptolémée; il fallut
corrompre ces gens-là, ceux du moins qui échappèrent
aux poignards des spadassins royaux. Enfin, et surtout, il fallut jeter l'or à pleines mains dans le monde
politique. La corruption parlementaire était alors si
ouvertement pratiquée que personne ne songeait à
s'en étonner. Quand Cicéron parle de ces scandales,
il les constate sans les flétrir. On dirait qu'aux yeux

des contemporains, les gains de cette nature formaient pour les sénateurs une sorte de traitement normal. C'était un axiome courant qu'à Rome tout était à vendre, dans la curie comme dans les comices. Les manœuvres que Salluste attribue à Jugurtha et à ses agents furent renouvelées par Aulète. Lui aussi « combla de présents ses anciens amis, en acquit de nouveaux et se créa par ses largesses de nombreux partisans ». L'argent fit pour lui plus que tous les raisonnements du monde, et Cicéron dit d'un mot que le Sénat fut acheté.

La vente des consciences se poursuivit même après son départ à la fin de 57. Avant de quitter Rome pour aller s'installer à Éphèse, où il attendit les événements, Ptolémée s'aboucha avec Rabirius, et ils prirent ensemble des arrangements. Un contrat fut conclu selon le mode usité entre Romains et étrangers, c'est-à-dire qu'un acte fut dressé en double exemplaire, scellé et confié par les parties à un tiers, qui fut peut-être Pompée. Cet acte ne se rapportait pas aux emprunts antérieurs du roi; car je suppose que Rabirius n'avait pas eu la naïveté de lui prêter sur parole; il concernait plutôt un emprunt nouveau. Aulète devait laisser derrière lui un certain Ammonius pour achever son œuvre; Rabirius fournit l'argent nécessaire, et un billet fut souscrit par le prince exilé. Il serait curieux d'en connaître la teneur; mais Cicéron, le seul qui mentionne cette négociation, est muet sur ce point.

Ammonius ne perdit pas son temps. Dès le mois de janvier 56, un témoin oculaire nous le représente « livrant des assauts aux sénateurs par l'argent ». Rabirius et les autres créanciers lui servaient d'intermédiaires ; car ils étaient d'autant plus intéressés au succès de Ptolémée qu'ils avaient prêté davantage. Sauf une poignée d'intransigeants nettement hostiles à toute intervention officielle en faveur d'Aulète, on était unanime pour accepter l'idée d'un appui effectif procuré à « l'ami et allié » du peuple romain. Mais de quelle nature serait cet appui, et qui aurait le mandat de ramener le roi à Alexandrie ?

Tout d'abord on écarta le projet d'une expédition militaire. On feignit de croire que les circonstances étaient assez délicates pour motiver la consultation des livres Sibyllins, et le Sénat y consentit. Ces livres mystérieux et vénérés étaient rédigés en vers grecs. Ils contenaient, non pas de véritables prophéties, mais des conseils de sagesse en vue de certaines éventualités, et, comme ils étaient conçus en termes très vagues et très généraux, le collège sacerdotal qui en avait la garde se chargeait d'en donner une interprétation presque toujours arbitraire. Cette fois encore on y trouva ce qu'on y cherchait. La Sibylle déclara, paraît-il, que si le roi d'Égypte venait demander quelque secours, il fallait l'assister, mais non à l'aide d'une armée ; sinon on aurait de grosses difficultés. Le tribun Caton se hâta de divulguer ces paroles en plein forum, et par cette manœuvre, d'ailleurs illégale, il rendit impossible tout envoi de troupes; la superstition populaire n'aurait pas toléré qu'on passât outre à un pareil avertissement des dieux.

La mission d'Égypte, même réduite aux proportions d'une simple ambassade, n'en demeurait pas moins très enviable en raison des profits matériels qu'elle promettait, et elle fut chaudement disputée. Finalement, trois motions furent en présence. L'une consistait à choisir pour cet objet le gouverneur de Cilicie, Lentulus Spinther, qui était déjà sur les lieux, et dont la médiocrité ne portait ombrage à personne. L'autre voulait que le roi fût rétabli par Pompée, escorté seulement de deux licteurs. Quant à la troisième, elle réservait ce soin à une commission de trois sénateurs. On discuta là-dessus pendant plusieurs séances; mais on ne réussit pas à s'entendre. Il y eut des tentatives d'obstruction, des ajournements répétés, et, somme toute, on ne décida rien.

Rabirius dut suivre ces débats avec anxiété. Sa cause était étroitement connexe à celle du roi, puisqu'il ne pouvait espérer le remboursement de sa créance qu'après le retour d'Aulète à Alexandrie, et tous ces retards lui étaient préjudiciables. Il est vrai que les intérêts couraient dans l'intervalle; mais, en attendant, il ne touchait rien, ni intérêts ni capital. Ses fonds se trouvaient immobilisés jusqu'à une échéance encore inconnue; son crédit en souffrait; ses amis se plaignaient d'avoir été entraînés par lui

dans une affaire très aléatoire; enfin il était que tout
cela n'aboutît à un désastre, s'il arrivait que Ptolémée
mourût en exil.

Heureusement, la Syrie avait pour proconsul Gabinius, un individu fort véreux, dont la vénalité ne
dépassait peut-être pas celle des autres, mais en tout
cas l'égalait. Aulète, de guerre lasse, se rendit auprès
de lui, et lui offrit dix mille talents (environ cinquante-six millions), pour prix de sa restauration.
Une partie de cette somme servirait aux frais de
l'expédition; le reste serait pour le général romain. Il
va sans dire que le roi ne possédait pas tout cet
argent; mais il s'engageait à verser sur l'heure un
acompte. C'était là un appât bien propre à exciter
l'avidité de Gabinius, et sa vertu n'était pas faite
pour résister à une semblable tentation. Toutefois il
risquait beaucoup en acceptant; non qu'un échec fût
à redouter, mais plutôt parce que l'acte projeté était
doublement illégal. Pénétrer en Égypte avec une
armée, c'était fouler aux pieds l'oracle de la Sibylle,
et commettre une première irrégularité, qui s'aggra-
verait du crime d'impiété. Mais il y a plus : une loi de
Sylla, confirmée pendant le consulat de César en 59,
déclarait coupable de lèse-majesté le gouverneur qui,
sans l'autorisation préalable du Sénat ou du peuple,
conduisait des troupes hors de sa province pour
quelque motif que ce fût, et lors même qu'il avait le
dessein, comme dans l'espèce, de prêter main-forte à
un souverain allié et protégé.

On voit à quels dangers s'exposait Gabinius en accédant aux désirs d'Aulète. Il ne manqua pas de s'en prévaloir auprès de lui et de faire de ses craintes un procédé de chantage. Il fut d'ailleurs à peu près rassuré par une lettre que Ptolémée lui communiqua de la part de Pompée. Pompée avait renouvelé depuis peu le pacte qui l'unissait à Crassus et à César; il était déjà, ou il allait être consul avec Crassus[1], et, en réalité, il était pour le moment le maître dans Rome. Sa lettre n'avait certainement rien d'officiel; sans quoi la responsabilité du proconsul de Syrie eût été à couvert, puisqu'il se serait contenté d'exécuter un ordre, et on ne concevrait pas qu'il eût été plus tard traduit devant les tribunaux. Je doute même que Pompée ait envoyé à Gabinius un avis officieux; car cet homme cauteleux et dissimulé avait une peur horrible de se compromettre, et avec sa manie de sauver les apparences, il affichait sans cesse un respect hypocrite de la légalité, bien qu'il ait toujours vécu en marge de la constitution. J'imagine que sa lettre, adressée au roi, mais destinée à être placée sous les yeux de Gabinius, contenait simplement l'expression de ses sympathies pour Aulète et formulait des vœux pour son rétablissement. Gabinius comprit à demi-mot, et, persuadé qu'il trouverait dans Pompée, le cas échéant, un puissant défenseur, il fit ses préparatifs.

Comme il fallait s'y attendre, Rabirius joua un rôle

1. Renouvellement du triumvirat en 56; consulat de Pompée et de Crassus en 55.

dans cette intrigue. On l'accusa ultérieurement d'avoir poussé Gabinius à passer en Égypte, et cette démarche n'avait rien que de naturel, étant données les créances qu'il avait sur Aulète. Il est toutefois permis de se demander si ce conseil émana de sa seule initiative, ou bien si Rabirius fut le canal secret par où arrivèrent jusqu'à l'oreille du proconsul les exhortations décisives de Pompée. Dans cette dernière hypothèse son langage aurait eu une tout autre valeur que dans la première. Quoi qu'il en soit de cette conjecture, on constate qu'il n'y eut dans tout cela qu'une question d'argent. Gabinius ne voulait pas laisser échapper une si belle occasion de s'enrichir. Rabirius était impatient de recouvrer les fonds qu'il avait prêtés. Quant à Pompée, il avait peut-être aussi le roi pour débiteur, à moins qu'on eût acheté sa complicité par l'offre d'un pot-de-vin à prélever sur les soixante millions. Cette communauté d'intérêts rapprocha les trois compères et l'expédition fut résolue par eux en dépit du Sénat et de la religion. L'opération ne rencontra aucune difficulté. Il se produisit un petit essai de résistance; mais les troupes romaines balayèrent sans effort les soldats poltrons et indisciplinés qu'on leur opposa, et Aulète, qu'elles traînaient avec elles, eut la joie de rentrer dans son palais après trois ans d'absence. Quand le pays fut évacué, une garnison resta à Alexandrie, pour défendre le roi contre ses sujets, en même temps que pour affermir le protectorat de la république (printemps de 55).

III

Rabirius ministre des finances en Égypte. — Sa disgrâce. — Son procès à Rome. — Plaidoyer de Cicéron. — Rabirius fonctionnaire de César.

Le bonheur de Ptolémée n'était pas sans mélange. Il était redevenu roi d'Égypte; mais il demeurait chargé d'une dette énorme, qui mettait ses finances en péril. Il suffit, pour en évaluer le poids, de récapituler les divers engagements qu'il avait pris. En 59, César lui avait vendu son appui pour trente-quatre millions; peut-être Aulète en avait-il aussitôt commencé le remboursement; mais, dès l'année suivante, ses versements étaient interrompus par son exil. Bien plus il avait dû, à dater de 58, contracter des emprunts continuels pendant trois ans, d'abord pour vivre, puis pour se ménager à Rome des partisans. Enfin, tout récemment, il avait souscrit à Gabinius une promesse de cinquante-six millions. Tout cela représentait au bas mot une centaine de millions, alors que les recettes normales de son budget ne dépassaient pas soixante-dix millions. Il n'est pas d'État moderne qui ne s'accommodât aisément d'une dette supérieure de si peu à ses recettes annuelles. Pour Ptolémée il en était différemment. Sa dette, au lieu d'être perpétuelle comme la nôtre, était exigible immédiatement ou à bref délai. Elle n'était pas tout entière productive d'intérêts; car je présume que César et Gabinius n'avaient pas eu l'audace d'en réclamer pour leurs pots-de-vin; il n'y avait eu évidemment d'intérêts stipulés que pour les fonds prêtés par Rabirius et les autres créanciers, et le taux en était sans doute exorbitant. J'ajoute qu'Aulète n'avait pas le moyen d'amortir à l'aide de nouveaux emprunts. Dans la situation où il était, pouvait-il trouver du crédit, même à Rome? C'est seulement avec ses excédents budgétaires qu'il lui fallait liquider son passif, et une pareille nécessité le jetait dans un cruel embarras.

Autant pour se procurer de l'argent que pour se venger, il multiplia les sentences de mort et les confiscations. Mais ces violences ne suffirent pas pour le libérer, et, comme Rabirius était accouru en Égypte afin de le harceler, il le nomma ministre des finances. Celui-ci ne fut pas une sorte de contrôleur général imposé par Rome; il ne ressembla nullement à ces commissaires que les puissances européennes ont parfois délégués auprès d'un souverain endetté, pour rétablir un peu d'ordre dans son budget et sauvegarder ainsi les intérêts de ses créanciers du dehors. Il fut un fonctionnaire royal, et rien de plus. Aulète le choisit, parce qu'il connaissait sa capacité et qu'il comptait là-dessus pour accroître ses ressources. Ce ne fut pas un tuteur qu'on lui donna, mais un bon administrateur qu'il s'adjoignit. Quant à Rabirius, il se considéra surtout comme le fondé de pouvoirs de tous ceux qui avaient fait des avances au roi. Il était lui-même du nombre, et, en travaillant pour les autres, il allait travailler aussi pour lui. Il paraît que Gabinius lui recommanda particulièrement sa créance, et qu'il lui promit 10 p. 100 sur ses rentrées. Cicéron, il est vrai, déclare que c'est là une calomnie; mais son argumentation sur ce point est pitoyable. Il allègue en effet qu'il est également impossible de penser que les cinq millions six cent mille francs destinés à Rabirius aient été imputés sur les cinquante-six millions dus à Gabinius, ce dernier étant trop rapace pour consentir à un pareil sacrifice, ou bien qu'ils se soient ajoutés aux cinquante-six millions, puisqu'il est démontré que Gabinius n'a rien touché au delà de ce chiffre. Mais n'était-il pas naturel, et même légitime, de la part de Gabinius, d'intéresser Rabirius par l'appât d'une forte commission, au recouvrement des millions en souffrance?

L'esprit de fiscalité était très développé en Égypte. Cette vieille monarchie avait à cet égard des traditions lointaines, qui, de siècle en siècle avaient fini par y constituer un système d'impôts extrêmement perfectionné. Les taxes étaient innombrables, et elles atteignaient la richesse sous toutes ses formes, sans compter les revenus que le roi tirait de ses domaines. Il faut croire que les excédents n'étaient pas rares; car, en temps ordinaire, le trésor était souvent bien garni. On a vu les réserves qu'avait accumulées le petit roi de Chypre. Quand les Romains annexèrent l'Égypte, l'argent laissé par la reine Cléopâtre fut si abondant qu'à Rome le taux de l'intérêt baissa des deux tiers et que les prix doublèrent. On n'en était pas là au moment où Rabirius débarqua à Alexandrie. Loin de posséder des économies, Aulète avait un arriéré considérable, et il attendait son salut de son ministre.

Le malheur est que nous ne savons à peu près rien sur la gestion du personnage, ni même sur le temps qu'elle dura. Créa-t-il de nouveaux impôts? Augmenta-t-il le rendement de ceux qui existaient déjà? Se borna-t-il à combattre le gaspillage? A ces questions les documents ne donnent aucune réponse précise. On a seulement des indices qu'il n'altéra pas les monnaies. Il est vraisemblable qu'il réussit à rembourser une partie des dettes de Ptolémée. La créance que César avait sur le roi depuis l'année 59 n'était plus que de seize millions et demi douze ans après, et il se peut qu'elle ait été notablement amortie pendant le ministère de Rabirius. D'autre part, il est certain que Gabinius eut beaucoup d'argent à sa disposition après son retour d'Égypte. On l'accusait, il est vrai, d'avoir pillé la province de Syrie; mais nous avons la preuve qu'Aulète opéra des versements entre ses mains. Était-ce avant ou après l'expédition d'Alexandrie? C'est ce qu'on ne dit pas.

S'il veilla aux intérêts de ses amis, Rabirius ne dut pas négliger les siens. Comme il était chargé à la fois des dépenses et des recettes de l'État, il lui était facile de se payer lui-même. En outre, pour peu qu'il fût malhonnête, il avait mille moyens occultes de remplir ses poches; il n'avait par exemple qu'à favoriser les rapines des fermiers de l'impôt et à partager avec eux. Tous ces profits, il eut soin de les mettre à l'abri, avant de tomber en disgrâce. Il expédia à Pouzzoles, en Italie, plusieurs navires bondés de marchandises. Cicéron, qui veut absolument le faire passer pour pauvre, prétend que c'étaient des choses sans valeur, du papyrus, du lin, des verreries. L'assertion est suspecte; Rabirius n'était pas assez sot pour s'encombrer d'une cargaison insignifiante; il préféra apparemment acheter des objets de prix, qu'il comptait revendre très cher à Rome. D'ailleurs, il envoya aussi un petit bâtiment, d'aspect mystérieux, qui intrigua bien des gens, et qui renfermait peut-être des lingots et de l'argent monnayé.

La précaution n'était pas inutile; car son ministère se termina par une catastrophe. On a dit qu'il fut victime de son impopularité; telle est notamment la version de M. Bouché-Leclercq. « Soutenu par les garnisaires que lui avait laissés Gabinius sous prétexte de protéger la personne du roi, Rabirius se mit à pressurer le contribuable. Des plaintes s'élevèrent de toutes parts, si bien que Ptolémée, qui connaissait les Alexandrins, jugea opportun d'emprisonner Rabirius et ses agents, pour donner une certaine satisfaction à la colère du peuple. Il est probable que les Alexandrins ne se contentèrent pas de ce semblant de sévérité et qu'ils menacèrent d'enfoncer les portes de la prison; car Rabirius, au dire de son avocat,

s'enfuit tout nu et sans ressources, après avoir cru
maintes fois toucher à sa dernière heure. » Cicéron
présente l'événement sous un jour tout autre. D'après
le récit très sommaire qu'il en fait, Rabirius fut
renversé par une de ces révolutions de palais qui sont
si fréquentes dans les monarchies orientales. On
devine que la présence de cet intrus provoquait à la
Cour d'ardentes jalousies, et qu'on ne se gênait pas
pour le desservir auprès du maître, tout Romain
qu'il était. Peut-être le roi finit-il par s'apercevoir
que son ministre le volait. Peut-être se fatigua-t-il à la
longue de subir sa tutelle, d'obéir aux exigences de
sa parcimonie, de consentir à des réductions des
dépenses. Bref, au bout de quelques mois, il lui ôta
brusquement sa charge, et même il le plongea, lui et
ses amis, dans un cachot, où sa vie fut plus d'une
fois en danger. Ce fut une chute de grand-vizir. Mais
aussi, dit Cicéron avec ce mépris qu'inspiraient aux
Romains tous ces rois exotiques, quelle imprudence
d'aller se fier à l'humeur fantasque d'un despote, et
de quitter « la cité la plus libre qui fut jamais », pour
habiter une ville où il n'y a que des esclaves! Rabirius avait une excuse; il voulait rentrer dans ses
fonds et gagner quelque chose de plus, s'il se pouvait.

Il parvint à s'évader et retourna à Rome. J'ai peine
à croire qu'il fût tombé dans l'état d'indigence que
dépeint Cicéron. Sans parler des biens qu'il avait
laissés en Italie au moment de son départ pour
l'Orient, l'habile homme avait eu le temps d'amasser

des écus pendant son séjour à Alexandrie et de les placer en lieu sûr; les navires ancrés dans le port de Pouzzoles en étaient la preuve. Le seul point obscur est de savoir s'il avait réussi à récupérer le montant intégral de ses créances. J'ajoute que s'il fit payer, en totalité ou en partie, les millions dus à Gabinius, il toucha la commission de 10 p. 100 qui avait été stipulée entre eux. Il était loin, par conséquent, d'être dans la gêne. C'est tout au plus s'il est admissible que sa fortune ait été plus ou moins ébréchée. D'où vient donc ce bruit soigneusement répandu dans Rome qu'il était pauvre? D'où vient que Cicéron, dans le plaidoyer qu'il prononça pour lui, répète à satiété qu'il se trouve sans ressources, qu'il n'est plus qu'une « ombre », un « simulacre » de chevalier romain, qu'il sombrerait tout à fait, si César, dans sa générosité, ne lui tendait par-dessus les Alpes une main secourable en lui prêtant l'appui de sa richesse et de son crédit? Il y a là des dessous qui nous échappent; peut-être cependant n'est-il pas impossible de découvrir la clef de l'énigme.

Il est des circonstances où un financier est intéressé à être ruiné, comme il en est où un homme politique a intérêt à être malade. Qui sait si Rabirius ne dissimulait pas son actif pour s'exonérer de son passif? En faisant parade d'un dénûment factice, il se dispensait de rembourser les capitaux qu'il avait empruntés en vue des affaires d'Égypte, et si, par hasard, il n'avait rien emprunté, il s'affranchissait de toute responsabilité à l'égard de ceux qui, sur ses instances, avaient avancé des fonds au roi. Comment, en effet, adresser des réclamations ou des plaintes à un individu qui avait lui-même tout perdu?

Pourtant il n'était pas au bout de ses tribulations. Quand Gabinius était rentré à Rome après un long retard, il avait été cité en justice sous une double inculpation. On l'avait d'abord accusé de lèse-majesté, pour avoir, malgré la religion et les lois, réinstallé Aulète sur son trône par la force. Les intrigues de Pompée, qui se déclara ouvertement pour lui, et plus encore l'argent qu'il distribua, le sauvèrent; il fut acquitté par trente-huit voix contre trente-deux. Il fut moins heureux dans le procès de concussion qu'on lui intenta aussitôt après. Il eut le tort, cette fois, de lésiner, dit un historien[1], et les jurés le condamnèrent. En pareille matière, l'objet essentiel que l'on poursuivait était la restitution par l'accusé d'une somme égale ou supérieure à celle qu'il avait dérobée. C'était au tribunal d'en fixer le montant, dans les limites tracées par la loi. Pour Gabinius on l'arrêta à cinquante-six millions. Il va de soi qu'il ne voulut pas ou ne put pas la payer. Usant d'une faculté que la législation en vigueur lui octroyait, il aima mieux s'exiler, c'est-à-dire qu'il s'établit quelque part hors de l'Italie, avec sa fortune intacte. Or, lorsqu'un concussionnaire ne restituait pas et qu'il n'offrait pas de cautions, on

_____

1. Dion Cassius, XXXIX, 63.

avait le droit de se retourner contre ceux qui avaient bénéficié de ses larcins, ou, pour employer l'expression consacrée, contre ceux « à qui était allé l'argent ». On prétendit que Rabirius était dans ce cas, et il fut mis en cause à son tour devant le jury qui avait frappé Gabinius.

L'accusateur fut Caius Memmius, l'ami de Lucrèce. C'était un épicurien licencieux, un orateur facile et un poète aimable, qui ne se souciait guère dans ce procès de venger la morale outragés. Le défenseur fut Cicéron. En 63, pendant son consulat, le grand orateur avait déja plaidé pour l'oncle de Rabirius, accusé devant le peuple d'un meurtre politique. C'était à ses yeux une première raison de répondre à l'appel du neveu. On sait au surplus qu'il se montrait d'ordinaire peu scrupuleux dans le choix de ses clients. N'avait-il pas tout dernièrement, pour plaire à Pompée, consenti à se faire l'avocat de son ennemi Gabinius, que, la veille, il vilipendait avec une âpreté inouïe? Rabirius, au contraire, était son ami, et il lui devait bien cette marque de gratitude en échange des bienfaits qu'il en avait reçus lors de son exil. « Elle est encore présente à mon esprit, disait-il dans sa plaidoirie, cette nuit déplorable pour tous les miens, où tu es venu te mettre tout entier à ma disposition, avec tes richesses. Tu m'as fourni, à mon départ, une escorte, une garde, tout l'or dont j'avais besoin, et jamais, en mon absence, tu n'as abandonné mes enfants ni ma femme. » Il avait maintenant une excellente occasion de s'acquitter envers lui; il la saisit avec empressement, et rien ne prouve qu'il ait cédé aux sollicitations de Pompée ou de César. S'il obéit à quelque motif politique en acceptant cette tâche, ce fut certainement au désir d'être agréable à l'ordre équestre. Convaincu de tout temps que le salut de la république, telle qu'il la concevait, dépendait de l'union intime des chevaliers et du sénat, il se confirmait de plus en plus dans cette opinion à mesure qu'il voyait s'approcher la crise que préparait l'ambition grandissante de César. Il estimait que tout était perdu si les deux ordres se séparaient, et il employait ses efforts à écarter tout prétexte de rupture entre eux, toute cause d'hostilité ou même de froideur. Sa correspondance témoigne à chaque page des perplexités où le jetait le moindre incident capable d'irriter les chevaliers contre le régime actuel. De là les complaisances que, malgré son honnêteté, il eut pour eux pendant son proconsulat de Cilicie ; de là également l'importance qu'il attacha au procès de Rabirius et l'intérêt qu'il y prit.

On reprochait à l'accusé d'avoir été ministre des finances de Ptolémée et d'avoir quitté la toge pour s'affubler du costume grec. La réponse était facile. Si Rabirius avait servi le roi, c'était pour toucher ses créances, et, s'il s'était habillé à la mode d'Alexandrie, c'était parce que sa position officielle l'y obligeait.

On disait encore que Rabirius avait prêté à Aulète l'argent destiné à corrompre le sénat. La chose n'était pas niable, et Cicéron glisse rapidement là-dessus. Il se contente d'alléguer que son client n'est pas responsable de l'usage que le roi a fait de ses emprunts; sans quoi, il faudrait punir aussi le coutelier qui a vendu une arme à un assassin. Il oubliait que Rabirius avait participé directement à l'œuvre de corruption. Dans une lettre écrite en janvier 56, il montrait lui-même associés aux agissements de l'Égyptien Ammonius certains créanciers du prince qu'il ne désigne pas par prudence, et dont l'un visiblement était notre personnage.

Il n'était pas contestable non plus que Rabirius avait eu sa part des gains illicites de Gabinius. Mais ici l'accusation se heurtait à une grave objection, que Cicéron se plaît à développer. Il observe en premier lieu que le nom de Rabirius n'a pas figuré une seule fois dans le procès du proconsul de Syrie. Or il était sans exemple « qu'on eût jamais poursuivi un individu comme complice des concussions d'un autre, sans qu'il eût été cité dans l'estimation des sommes à restituer par ce dernier ». Et pourquoi cela ? parce que le second procès n'était qu'une annexe du précédent, au point qu'il était interdit d'y apporter un témoignage nouveau. Cicéron ajoute que Rabirius ne saurait être condamné en vertu des lois qu'on invoque contre lui, attendu qu'elles ne sont pas applicables à l'ordre équestre; et ce qu'il y a de plus singulier, c'est que cette théorie était fondée. Par un privilège inouï, qui prouve la place qu'ils s'étaient faite dans l'État, les chevaliers pouvaient être concussionnaires impunément, sous prétexte « qu'étant écartés des honneurs publics, ils devaient au moins être exempts d'inquiétudes ».

Le plaidoyer se termine par cette considération que Rabirius est ruiné; d'où cette double conséquence : 1° qu'il n'a point volé, comme le soutient son adversaire; 2° qu'il est incapable de rien restituer. A voir le parti que tire son avocat de cette raison péremptoire, on comprend l'intérêt qu'avait l'accusé à se parer d'une fausse pauvreté.

Nous ignorons l'impression que produisit ce mélange d'arguties, de dénégations et d'arguments juridiques. Je ne serais pas étonné qu'il eût entraîné l'acquittement. Les chevaliers, qui formaient le tiers du jury, durent voter en bloc dans ce sens, ne fût-ce que pour défendre une de leurs plus précieuses prérogatives, que cette cause mettait en jeu; et dès lors Rabirius n'avait que quelques voix à gagner pour avoir la majorité.

Je présume qu'après toutes ces épreuves Rabirius renonça à ses anciennes spéculations; il se borna désormais à jouir discrètement de ses richesses. D'ailleurs, avec la dictature de César commença bientôt un régime tout différent du régime antérieur, un régime où il n'y eut plus de place pour les financiers rapaces et voleurs. Des mesures significatives montrèrent que le règne des manieurs d'argent était fini, que l'usure serait dorénavant combattue, et que le pillage des provinces par les chevaliers et les sénateurs ne serait plus toléré. Rabirius se le tint pour dit, et il se rangea, comme beaucoup d'autres. Il entra au service de César, mais en qualité de fonctionnaire. Au début de l'année 46 et de la campagne d'Afrique, le dictateur le chargea d'aller chercher en Sicile des approvisionnements de blé pour son armée. Ce ne fut pas une entreprise qu'il lui adjugea de gré à gré, ce fut une mission d'intendance qu'il lui confia. Il utilisait ainsi son expérience d'homme d'affaires, parce qu'il voulait rallier autour de lui toutes les bonnes volontés et tous les talents, en les assujettissant à l'intérêt public et au sien. Peut-être Rabirius vécut-il encore plusieurs années; mais, à partir de ce moment, on perd sa trace.

VII

L'IMPÉRIALISME ROMAIN

Si l'impérialisme est une tendance plus ou moins vague à la domination universelle, il faut bien avouer que ce n'est point là une nouveauté particulière à notre temps. La seule originalité qu'il présente aujourd'hui est l'étendue beaucoup plus vaste du domaine qu'il embrasse. Jadis les souverains ou les peuples les plus ambitieux n'avaient en vue qu'une faible partie du continent; Napoléon lui-même, ne songea, dans ses rêves les plus grandioses, ni à l'Afrique ni à l'Amérique. De nos jours, au contraire, il semble que certains États ne conçoivent pour leur empire d'autres limites que celles du monde tout entier, et qu'ils visent, sinon à conquérir, du moins à placer sous leur contrôle tout ce qu'il existe de contrées habitables. Que sortira-t-il de tous ces projets? La chimère deviendra-t-elle à la longue une réalité? Arrivera-t-il un moment où la Terre sera soit possédée,

16

soit régentée par un peuple unique, ou par une race privilégiée, comme cette race anglo-saxonne dont quelques hommes politiques préconisent l'étroite union ? Toute hypothèse à cet égard serait vaine. La seule chose qui nous soit permise, c'est de consulter l'histoire et d'examiner si des entreprises de ce genre ont été tentées avant nous, si elles ont réussi, si elles ont duré, et quelles en ont été les suites. Or rien n'est plus instructif dans cet ordre d'idées que l'exemple de l'Empire romain. Rome s'est rendue maîtresse, non pas de tout le globe terrestre, mais de presque toute la portion du globe que les anciens connaissaient. Elle l'a assujettie par les armes, elle l'a gouvernée pendant plusieurs siècles, et finalement elle l'a perdue. Il y a eu là un cycle complet d'événements qui se sont déroulés d'âge en âge avec cette rigueur logique qui détermine les grandes évolutions historiques. Ces faits sont par eux-mêmes curieux à étudier ; peut-être même fournissent-ils matière à de précieux enseignements.

I

Conquête de l'Italie. — La question de Sicile. — Établissement des Romains dans la vallée du Pô. — Les Carthaginois en Espagne. — La seconde guerre punique. — Les Romains en Espagne. — Leur intervention en Orient.

Les Romains se figuraient volontiers qu'ils avaient été de tout temps prédestinés à l'empire du monde. Déjà leur premier roi Romulus leur en avait donné l'assurance formelle, et plus tard, sous Tarquin, lorsqu'on jeta les fondations du temple de Jupiter, une tête humaine, découverte dans le sol, annonça plus clairement encore que le Capitole serait un jour la capitale de la Terre. Ces récits flattaient l'amour-propre national, mais ce n'étaient que des légendes ridicules. La vérité est que les Romains n'aspirèrent à dominer dans la Méditerranée qu'à partir de l'année 200 avant Jésus-Christ ; le clairvoyant Polybe le déclare en termes très nets[1], et les faits confirment son jugement. A cette date, Rome possédait l'Italie et les îles voisines ; elle avait vaincu Carthage ; elle s'était établie en Espagne, et elle allait s'engager à fond dans les affaires d'Orient. Jusque-là son horizon n'avait guère dépassé la péninsule de l'Apennin et les mers secondaires qui la baignent. Désormais son ambition prit un plus large essor ; elle commença à porter ses regards sur toutes les contrées qui bordent la Mer Intérieure, et à une politique purement italienne elle substitua, comme nous dirions aujourd'hui, une politique « mondiale ».

Le passage de l'une à l'autre est pour un peuple la crise la plus grave de son existence. Il en est qui y trouvent leur perte, parce que leurs desseins sont en disproportion avec leurs ressources. Les plus sages sont ceux qui étendent leur champ d'action au dehors dans la mesure où leurs forces les y autorisent. Tel

---

1. Polybe, VI, 1.

fut le cas des Romains. Ce n'est pas en vertu d'un plan prémédité qu'ils conquirent tout le bassin de la Méditerranée; ils s'agrandirent presque par nécessité. Ils furent conduits par les événements plus qu'ils ne les conduisirent eux-mêmes. Leurs guerres, surtout au début, furent pour la plupart des guerres défensives, et pendant longtemps ils éprouvèrent une véritable répugnance à opérer des annexions territoriales. J'ignore s'ils se seraient perpétuellement contentés de l'Italie, dans l'hypothèse où nul ne serait venu les y inquiéter; mais il est certain que, s'ils en sortirent, ce fut parce qu'on les y obligea.

A peine eurent-ils réuni sous leur puissance toutes les populations de la péninsule, que le roi d'Épire, Pyrrhus, apparut dans le Midi pour répondre à l'appel de Tarente, mais au fond avec l'intention de se créer dans cette région à demi hellénisée une principauté, où il espérait englober probablement toute la Sicile. Le péril fut conjuré avec quelque difficulté, mais pour renaître presque aussitôt sous une forme nouvelle.

La Sicile était partagée entre les Grecs de Syracuse et les Carthaginois, et il était à craindre que ceux-ci, à la fois plus forts et plus riches, ne s'emparassent tôt ou tard de l'île entière. Or il est à peu près inévitable que l'Italie méridionale et la Sicile soient dans les mêmes mains, et de fait il en a toujours été ainsi au cours de l'histoire. Les Romains auraient pu à la rigueur s'accommoder de la proximité d'un État faible. Mais qu'une cité comme Carthage s'installât en face d'eux sur le détroit de Messine, dans une position qui menacerait les communications entre la mer Tyrrhénienne et la mer Ionienne, et d'où il serait aisé de multiplier les attaques contre toutes les côtes de l'Italie, c'est à quoi il leur était impossible de se résigner. Il y aurait eu de leur part un étrange aveuglement à tolérer que leur sécurité fût constamment à la merci d'une république rivale. Le conflit éclata donc, non pour une question de race, comme on l'a souvent répété, mais pour une question d'intérêt. L'amitié traditionnelle qui existait entre les deux États se rompit du jour où ils furent en contact, et Rome ne consentit à la paix que lorsqu'elle eut dépossédé Carthage d'une contrée qui rentrait évidemment dans l'orbite de son influence. L'occupation de la Sicile fut pour elle moins une conquête qu'une précaution nécessaire, bientôt complétée par celle de la Sardaigne et de la Corse.

L'Italie semblait désormais à l'abri de tout danger extérieur. Elle était protégée par les trois îles qui en sont les dépendances naturelles ; les Carthaginois avaient été refoulés en Afrique ; les Grecs d'Orient se consumaient dans leurs querelles particulières. Elle n'avait plus qu'un point vulnérable, au Nord. La vallée du Pô était habitée par des Celtes encore mal fixés au sol, turbulents, avides de guerre et de butin, que Rome attirait et qui en connaissaient le chemin. Or c'était là un fâcheux voisinage pour une nation qui avait des habitudes de vie paisible et sédentaire.

Il en résultait que la frontière septentrionale de l'Italie n'était jamais stable, et que les cités de l'Étrurie, de l'Ombrie et du Latium étaient en proie à des incursions ou à des alarmes continuelles. Il était urgent d'arrêter une fois pour toutes ce flot toujours grondant d'envahisseurs qui avait tant de fois débordé vers le Sud. A la suite d'une attaque formidable des Gaulois de la Cisalpine, les Romains pénétrèrent dans leur pays. Ils leur infligèrent de rudes échecs; ils emportèrent les villes de Milan et de Côme, et en se retirant ils laissèrent sur les bords du Pô, à Plaisance et à Crémone, des garnisons capables de les tenir en respect. Ils espéraient n'avoir désormais rien à redouter de ce côté.

Pendant qu'ils se livraient à cette opération de police, les Carthaginois, avec leur souplesse ordinaire, se dédommageaient en Espagne de la perte de leurs îles. Deux grands hommes de guerre, Amilcar Barca et Asdrubal, soumirent en quelques années la péninsule ibérique, et donnèrent ainsi à leur patrie un surcroît de puissance et de richesse. Ce qu'ils cherchaient dans ce pays, ce n'était pas simplement la compensation des sacrifices récemment subis, c'était aussi le moyen de reprendre la lutte contre Rome. Un État comme Carthage ne peut pas se résigner à déchoir après une première défaite, alors surtout qu'il n'a pas été atteint dans ses œuvres vives; il lui faut à tout prix sa revanche. Telle fut la pensée qui ne cessa d'inspirer Amilcar, Asdrubal, et, après eux, Hannibal.

Ils trouvèrent en Espagne les ressources dont ils avaient besoin, de l'argent en abondance et des soldats d'élite.

On discutait déjà dans l'antiquité le point de savoir quel avait été l'agresseur; Polybe par exemple consacre tout un chapitre de son Histoire à l'étude du problème[1]. Sans entrer dans une controverse qui serait ici hors de raison, on est fondé à dire que l'auteur responsable de la guerre fut Hannibal, et non pas le Sénat romain. Les Romains acceptaient volontiers le maintien du *statu quo*. Ils avaient si peu le désir de ruiner Carthage qu'ils la secoururent lors de la révolte des mercenaires. Ils ne convoitaient aucune de ses possessions, et, si après avoir essayé de l'arrêter par une convention diplomatique sur les rives de l'Èbre, ils se décidèrent tardivement à la menacer d'une intervention armée, ce fut là une mesure défensive suggérée par la prudence la plus vulgaire. Ils firent le minimum de ce qu'exigeait le souci de leurs intérêts. Ils ne furent ni tracassiers, ni jaloux, ni ambitieux; ils furent seulement méfiants, et cet état d'esprit n'était que trop justifié par les préparatifs dont l'écho leur arrivait à travers les Pyrénées et les Alpes. Hannibal, au contraire, fut dès le premier jour résolu à combattre. Chez lui pas la moindre trace d'hésitation; à peine proclamé général par ses troupes, il porte son plan bien ordonné dans sa tête,

---

1. III, 6 et suiv.

et il le met à exécution. Il assiège Sagonte, que Rome avait placée sous son protectorat; il négocie avec les Gaulois, pour qu'ils lui accordent le libre passage et des auxiliaires; il pourvoit à la sûreté de l'Espagne et de l'Afrique en prévision d'une attaque des Romains, et au printemps de l'année 218 av. J.-C. il part pour l'Italie. Il s'agissait pour lui non pas de venger les humiliations et de réparer les pertes antérieures, de recouvrer la Sicile et la Sardaigne, de consolider la conquête de l'Espagne, d'affranchir Carthage de la surveillance de plus en plus étroite que Rome exerçait sur elle, mais de frapper la cité ennemie d'un coup mortel, de l'anéantir et de la supplanter.

Rome se défendit avec une énergie admirable. Elle savait que son existence était en jeu, et la perspective des dangers qu'elle courait, loin de paralyser son patriotisme, ne fit que l'exciter davantage. Elle éprouva des revers éclatants; une partie de ses sujets l'abandonna; elle fut, à plusieurs reprises, épuisée d'hommes et d'argent; mais elle ne désespéra jamais. Le bonheur voulut qu'Hannibal fût mal secondé par les autorités carthaginoises. On lui refusa ou on ne put lui fournir les renforts indispensables, si bien que ses victoires mêmes ne servaient qu'à l'affaiblir. Finalement il fut acculé au fond de l'Italie, et les prodiges d'activité, de hardiesse et d'habileté qu'il y accomplit ne furent que les derniers soubresauts d'un lutteur vaincu et terrassé. Rappelé en Afrique par l'invasion de Scipion, il fut battu à Zama, et il dut conseiller tout le premier à ses concitoyens de souscrire aux conditions de paix que le vainqueur leur dictait. Les Romains arrangèrent les choses de manière à ce que Carthage se trouvât dorénavant dans l'impossibilité de rien tenter contre eux; ils diminuèrent son territoire; ils limitèrent ses forces navales; ils lui imposèrent un lourd tribut payable en cinquante annuités; ils agrandirent à ses dépens un prince indigène qui fut chargé d'épier tous ses actes; mais ils ne s'approprièrent pas la moindre parcelle du sol qu'ils lui enlevaient.

Pourtant ce moment marque l'instant précis où ils commencèrent à se répandre et à se fixer au loin.

Tandis que le gros des légions disputait pied à pied l'Italie aux soldats d'Hannibal, une autre armée romaine combattait les Carthaginois en Espagne. Le Sénat l'avait mise en route au début des hostilités, dans la persuasion que la guerre resterait concentrée au sud de l'Èbre; puis, lorsque Hannibal eut franchi les Pyrénées et le Rhône, elle avait continué sa marche, sans se préoccuper davantage de l'envahisseur. Son rôle principal fut de couper ce dernier de sa base de ravitaillement. C'est en Espagne, dans ce domaine propre de sa famille, qu'il s'était procuré tous ses moyens d'attaque; c'est de là qu'il était parti; c'est de là probablement qu'il espérait tirer de quoi refaire ses forces. Les Romains s'appliquèrent à déjouer ce calcul. S'ils parvenaient à intercepter ses communications par mer avec l'Afrique, par terre avec l'Espagne, ils l'obligeraient à ne compter que sur lui-même et leurs chances de succès en seraient notablement accrues. Leur diversion dans la péninsule ibérique avait donc une importance capitale et elle réussit pleinement; car il arriva une seule fois qu'une armée carthaginoise put s'échapper vers l'Italie, où d'ailleurs elle fut écrasée. Peut-être l'issue de la guerre aurait-elle été toute différente, si un courant régulier avait sans cesse amené à Hannibal de nouveaux secours.

Quand la paix fut conclue, les Romains étaient à peu près maîtres de l'Espagne, et Carthage dut renoncer en leur faveur à tous ses droits. Ils furent ici moins désintéressés qu'en Afrique et ils gardèrent pour eux leur conquête. Sans parler de ses autres productions, blé, vin, huile, bétail, tissus, salaisons, la contrée était par excellence le pays des métaux précieux. C'était quelque chose comme la Californie ou le Transvaal de l'antiquité. « Nulle part, dit Strabon, on n'a trouvé l'or, l'argent, le cuivre et le fer à l'état natif dans de telles conditions d'abondance et de pureté. L'or est extrait non seulement des mines, mais aussi du lit des rivières. Les pépites atteignent parfois un poids d'une demi-livre (163 gr.). Chez les Turdétans le cuivre pur représente le quart de la masse du minerai, et il est des mines d'argent qui rapportent en trois jours la valeur d'un talent euboïque (5 662 fr.). Il y avait dans les environs de Carthagène des exploitations qui occupaient toute l'année quarante mille ouvriers et qui donnaient à l'État un ren-

dement journalier de 25 000 drachmes (23 500 fr.). »
La proie était trop riche pour que Rome consentît
bénévolement à s'en dessaisir. En outre, les derniers
événements avaient montré que l'Espagne, malgré
son éloignement, était capable de lui susciter de
graves embarras. Qu'un autre Hannibal, ou, à défaut
d'un Carthaginois, qu'un chef indigène groupât
autour de lui ces peuplades, dont on avait tout
récemment éprouvé les qualités militaires; n'était-il
pas à craindre qu'il fût tenté, lui aussi, de les entraîner
vers la Gaule et vers l'Italie, et la sagesse la plus élémentaire ne conseillait-elle pas de prévenir à jamais
un pareil risque, quand l'occasion était si propice?
Le Sénat voyait toujours un ennemi possible dans
tout État puissant, et il inclinait plutôt à s'exagérer
les périls qu'à les atténuer. Si chimérique que parût
une seconde invasion d'Espagnols et d'Africains par-
dessus les Alpes, il jugea prudent de se prémunir
contre une semblable éventualité, et il annexa l'Espagne pour n'avoir plus à la redouter. C'est ainsi
que les Romains furent amenés à sortir du cercle
naturel de leur action et à prendre pied dans la région
la plus occidentale de la Méditerranée. On les aurait
sans doute bien étonnés en les accusant d'un excès
d'ambition territoriale. J'imagine qu'à leurs yeux la
nouvelle province n'était qu'une sûreté de plus pour
la frontière de l'Italie, de même qu'aux yeux des
Anglais l'Égypte est le boulevard de la frontière de
l'Inde.

Ce ne fut pas uniquement contre l'Occident qu'ils voulurent se garantir, ce fut encore contre l'Orient.

Parmi les nombreux États qu'avait engendrés l'empire d'Alexandre, trois surtout étaient puissants, l'Égypte, la monarchie des Séleucides, et la Macédoine.

Sauf de rares exceptions, les Ptolémées d'Égypte s'enfermèrent dans la vallée du Nil; c'est tout au plus s'ils essayèrent d'y rattacher la Cyrénaïque, la Syrie, Chypre, les Cyclades et le littoral méridional de l'Asie Mineure; en tout cas, ils ne cherchèrent jamais à dépasser l'extrémité orientale du bassin méditerranéen. Leur politique invariable fut de cultiver l'amitié de Rome, et Rome s'y prêta d'autant mieux que ces princes en arrivèrent très vite à se considérer comme ses protégés. A plusieurs reprises, ils lui durent leur salut, et chaque service qu'ils en recevaient était une atteinte de plus à leur indépendance. Le Sénat pouvait donc être tranquille de ce côté; car, à la cour d'Alexandrie, ses moindres volontés étaient des ordres.

Les Séleucides avaient des visées beaucoup plus vastes. Héritiers à la fois des Achéménides de Perse et d'Alexandre, ils paraissent avoir eu des prétentions à l'empire universel. Ils possédaient déjà toute l'Asie Mineure depuis les bords de l'Indus; ils projetaient d'y joindre la Syrie, l'Égypte, la Grèce, et la Macédoine, et Polybe n'exagère pas lorsqu'il dit que les contemporains d'Antiochus le Grand s'attendaient à ce qu'il réalisât ce dessein.

Le roi de Macédoine Philippe avait une ambition
inquiète qui oscillait au gré des événements. Ses convoitises tantôt avaient l'air de se borner à la péninsule des Balkans et aux îles de la mer Égée, tantôt se
portaient jusque sur l'Égypte[1], en sorte qu'avec lui
ses voisins n'étaient jamais sûrs de rien. Il n'en fallait pas davantage pour éveiller la sollicitude du
Sénat romain. Mais à ce motif de défiance s'ajoutait
un grief plus précis. Après la bataille de Cannes,
Hannibal avait noué des relations avec Philippe, et
une alliance en règle avait été formée entre eux. Le
traité stipulait que le roi se ferait avec toutes ses
forces le défenseur des Carthaginois, et en conséquence il avait équipé une flotte pour descendre
en Italie. Il est vrai que l'expédition n'eut pas lieu;
mais Rome ne lui pardonna pas ses velléités d'intervention. Dès qu'elle se fut débarrassée de Carthage,
elle se tourna contre lui et lui déclara la guerre.
L'empressement qu'elle mit à engager ses armes dans
les affaires d'Orient atteste l'intensité de ses craintes.
Pour elle le péril hellénique était bien plus sérieux
que le péril espagnol ou africain. Ce qu'elle apercevait à l'Est de l'Adriatique, ce n'était pas une république déchue, comme Carthage, ou des populations
barbares et mal liées entre elles, comme les tribus
ibériques, mais deux monarchies régulièrement

1. Polybe, III, 2, 8. On a proposé de remplacer dans ce texte
le mot Égypte par celui de mer Égée. Mais Tite Live (XXXI, 14
et Justin (XXX, 2, 8) semblent contredire cette hypothèse.

organisées, largement pourvues de ressources et avides de domination. Il était à présumer que tôt ou tard on se heurterait au moins contre la plus proche, c'est-à-dire contre la Macédoine, puisque déjà le conflit avait failli éclater pendant la guerre punique. On se résolut donc à attaquer Philippe avant qu'il eût asservi la Grèce; on était certain ainsi de rencontrer des alliés sur le théâtre même des hostilités.

La bataille de Cynoscéphales suffit pour réduire Philippe à merci, et celle de Magnésie fit subir un sort analogue au roi Antiochus. Mais le Sénat appliqua à l'un et à l'autre les principes qui l'avaient guidé en Afrique. Il répudia toute idée de conquête et ne réclama rien pour Rome. Il ôta à Philippe tout ce qu'il avait acquis en dehors de la Macédoine; il rejeta Antiochus au delà du Taurus et de l'Halys, et, à la stupéfaction générale, il rappela aussitôt les légions en Italie. Les cités enlevées aux rois vaincus furent ou bien proclamées libres et abandonnées à elles-mêmes, ou bien cédées à des princes et à des républiques dont on n'avait pas pour le moment à suspecter les dispositions. Les Romains pratiquaient alors cette politique qui consiste non pas à absorber ses rivaux, mais à les affaiblir. Comme le remarque Montesquieu, leur maxime favorite était de diviser. Ils divisaient les territoires et ils divisaient aussi les esprits. D'un État unique ils formaient plusieurs États distincts ou plusieurs provinces qu'ils attribuaient à des États différents, et ils multipliaient

entre leurs voisins les sujets de discorde et les motifs
de jalousie, pour les empêcher de s'entendre et de se
coaliser. Ils fondaient en un mot leur sécurité sur le
morcellement des autres, et on eût dit qu'ils étaient
plus soucieux d'abaisser les étrangers que de se
grandir. Ils restèrent fidèles à cette ligne de conduite
jusqu'au milieu du second siècle avant Jésus-Christ.
Même quand ils supprimèrent le royaume de Macédoine après la bataille de Pydna, ils le partagèrent
en quatre confédérations républicaines, qu'ils eurent
soin d'isoler complètement, et ils ne lui prirent que
ses trésors.

II

Politique de conquêtes, à partir de 150 av. J.-C. — Raisons économiques du fait. — Profits de la conquête pour le Trésor. —
Pour la classe sénatoriale. — Pour les financiers. — Extension ininterrompue de l'Empire romain.

Tout changea vers l'année 150 avant Jésus-Christ.
La Macédoine fut annexée en 146, et après elle on vit
successivement la Dalmatie, la Grèce, la Crète, l'Asie
Mineure, la Syrie, la Cyrénaïque, l'Afrique carthaginoise, la Numidie, et la Gaule devenir provinces
romaines. En 50 la conquête du pourtour de la Méditerranée était presque achevée, et peu s'en fallait que
Rome eût atteint son maximum d'extension. Ce n'est
pas l'Empire qui a élevé l'édifice de la puissance
romaine, c'est la république; c'est elle qui a fixé les

grandes lignes de cette immense domination, et s'il est vrai de dire que l'accomplissement de cette œuvre a demandé plusieurs siècles, le dernier a beaucoup plus fait à cet égard que tous les autres.

Rome recueillit alors le fruit de la politique habile et patiente qu'elle avait suivie jusque-là. Dans la période précédente, elle était contentée d'affaiblir les rois et les peuples; mais, comme elle était seule à se fortifier quand tous déclinaient autour d'elle, il arriva que personne ne fut en état de lui tenir tête. Elle bénéficia à la fois de ses propres progrès et de la décadence à laquelle elle avait condamné ses rivaux et même ses amis. Sans doute elle rencontra encore de vives résistances. Jugurtha, Mithridate, Vercingétorix par exemple ne furent pas des adversaires méprisables. Mais, pour quelques-uns qui osèrent la braver ou qui purent se défendre, combien d'États qui tombèrent dans ses mains à la moindre secousse, comme un fruit mûr! Tout cela était de nature à échauffer son ambition et à aiguiser ses appétits. Il faut une singulière maîtrise de soi pour se refuser à saisir ce qu'il est si facile de prendre. Quand des cités lasses de leurs dissensions cherchaient dans l'obéissance la fin de leurs maux, quand un prince tel que Prusias se déclarait spontanément l'affranchi du peuple romain, quand un Attale, un Nicomède, ou un Apion lui léguait son royaume par testament, il n'était guère possible de se dérober. Encore si toutes ces acquisitions n'avaient fait que flatter l'orgueil national, on aurait pu à la rigueur s'en dispenser; mais l'intérêt s'accordait avec l'amour-propre pour les concilier et même pour les rendre obligatoires.

L'impérialisme contemporain dérive en grande partie d'un ensemble de causes économiques. Il s'y mêle assurément un vif désir de prééminence politique; mais ce sont surtout les besoins du commerce et de l'industrie qui l'ont engendré. Les Anglais produisent beaucoup plus qu'ils ne consomment; de là pour eux la nécessité de s'ouvrir des débouchés au dehors : ils ont créé leur empire pour multiplier leurs marchés d'approvisionnement et de vente. Rome et l'Italie n'étaient pas un pays industriel. Elles recevaient de l'étranger une multitude de denrées alimentaires et d'objets manufacturés; mais elles lui envoyaient peu de chose en échange. Les Romains étaient principalement des spéculateurs, des manieurs d'argent, et il leur fallait de vastes possessions extérieures pour les exploiter. Ils corrigeaient ainsi les inconvénients qui résultaient de l'excès de leurs importations. Le numéraire que leurs opérations financières tiraient des provinces leur permettait de payer le prix des céréales, du vin, de l'huile et des produits ouvrés que les provinces leur fournissaient, et d'équilibrer à leur avantage la balance des entrées et des sorties. Par là s'explique le phénomène, au premier abord incompréhensible, d'un peuple qui vendait infiniment plus qu'il n'achetait, et qui, loin de s'appauvrir, regorgeait de capitaux.

Toute guerre heureuse était plus ou moins lucrative pour le Trésor. La campagne de Zama contre Carthage, celle d'Asie Mineure contre Antiochus, et celle de Macédoine contre Persée donnèrent à elles seules 216 millions (valeur en poids). Dans la suite, les bénéfices furent encore plus beaux, puisque Sylla leva en Asie une contribution de 113 millions et que Pompée en apporta autant à Rome, sans compter une gratification de 1 200 francs pour chaque soldat[1].

Quand une nouvelle province était annexée, c'était l'usage que Rome gardât pour elle une partie du sol, notamment les domaines de la dynastie déchue, les mines les plus riches, les biens communaux des cités qu'elle voulait châtier, et même certaines propriétés privées. En principe toutes les terres lui appartenaient, et elle usait de son droit dans la mesure qu'il lui plaisait. Ainsi se forma cet *ager publicus*, que les documents nous montrent disséminé sur toute la superficie de l'Empire. On avait beau le diminuer incessamment par des lois agraires et par des fondations de colonies; il se reconstituait toujours par la conquête. Il est malaisé d'en suivre les fluctuations à travers les âges; il suffit de constater qu'en 63, d'après le témoignage de Cicéron, il existait des terres de cette catégorie en Espagne, en Afrique, en Cyrénaïque, en Grèce, en Macédoine, en Bithynie, en Asie Mineure, c'est-à-dire partout. On les affermait à intervalles

1. Polybe, XV, 18, 7; XXI, 14, 4; Pline, XXXIII, 55; Plutarque, *Sylla*, 25; *Pompée*, 45.

réguliers et elles procuraient à l'État un assez beau revenu.

Enfin Rome percevait sur ses sujets des taxes que l'on peut appeler « impériales », parce qu'elles servaient aux besoins généraux de l'Empire et qu'elles se distinguaient des taxes locales, destinées à alimenter les budgets des municipalités. On voit tout ce que la république gagnait à s'étendre. Nous voudrions posséder sur l'ensemble de ses ressources quelques chiffres précis; mais nous avons là-dessus fort peu de renseignements. Il paraît qu'en 61 avant Jésus-Christ les impôts provinciaux s'élevaient à 47 millions et qu'ils furent presque doublés par les conquêtes de Pompée. Si cette évaluation est exacte (et il n'est pas sûr qu'elle le soit), elle nous donne une médiocre idée des recettes de l'État. Mais il ne faut pas oublier que l'État avait en ce temps-là des charges incomparablement moins lourdes que dans les temps modernes. Ses obligations se réduisaient au maintien de l'ordre et à la défense du pays; quand il avait réussi à établir la paix, on le tenait quitte du reste. L'administration était si peu compliquée que les taxes de la province d'Asie, c'est-à-dire d'une petite partie de l'Asie Mineure, en couvraient aisément tous les frais. Les dépenses du budget impérial étaient loin d'absorber le produit intégral des recettes; celles-ci présentaient toujours un excédent, dont Rome, la cité souveraine, bénéficiait. C'est à ce titre que le peuple romain considérait les provinces comme autant de propriétés (*praedia*), dont l'objet essentiel était de pourvoir à ses besoins.

Elles étaient également la proie des particuliers. Pendant de longs siècles la vie dans cette société avait été simple et les goûts modestes. Mais peu à peu l'amour du bien-être et du luxe fit des progrès; l'afflux des métaux précieux, les relations avec l'Orient, et par-dessus tout l'évolution naturelle des idées au sein d'un État qui s'enrichissait, amenèrent de plus en plus la haute classe à rompre avec les vieilles traditions de parcimonie et la poussèrent à la dépense. On se logea dans des maisons plus belles et plus spacieuses; on s'entoura d'un mobilier somptueux; on entassa chez soi des œuvres d'art qu'on n'était pas toujours capable d'apprécier; on s'encombra d'une foule d'esclaves qui coûtaient souvent fort cher et d'une masse de clients qu'il fallait à peu près nourrir; on eut dans toute l'Italie des villas d'une magnificence onéreuse, et dans les repas, dans les voyages, dans tous les détails de l'existence, on se porta à de ruineuses prodigalités, autant par désir de paraître que par plaisir. Ajoutez à cela que les fonctions publiques ne s'acquéraient qu'au prix de lourds sacrifices. C'était un devoir pour un ambitieux d'offrir au peuple, durant son édilité, des jeux dont le souvenir persistât, et ce fut bientôt une nécessité d'acheter les suffrages des électeurs. Au premier siècle avant notre ère, les mœurs de l'aristocratie sénatoriale étaient telles que toutes les fortunes sombraient l'une après l'autre. La plupart des contemporains de Cicéron étaient criblés de dettes, et Cicéron lui-même, un homme sage et sérieux, se débattit au milieu de perpétuelles difficultés d'argent.

La politique, heureusement, les aidait à se tirer d'embarras, et il est indubitable que pour des gens dénués de scrupules elle était fort lucrative.

A Rome, la corruption parlementaire s'étalait au grand jour, surtout dans les affaires diplomatiques. Il n'était pas rare qu'un sénateur vendît son vote, son éloquence et jusqu'à son silence. En 123 deux princes d'Asie se disputaient une province; le Sénat examina le litige, et on proposa de donner gain de cause au roi du Pont. « Ceux qui défendent le projet, dit à ce sujet C. Gracchus, ont été achetés par Mithridate; ceux qui le combattent ont été achetés par Nicomède; ceux qui se taisent reçoivent des deux mains et trompent tout le monde. » On connaît le mot que prononça Jugurtha en quittant une ville où il avait conclu tant de marchés scandaleux : « Ville à vendre pour quiconque y mettra le prix! » Le récit de Salluste prouve que ce ne fut pas là une simple boutade. La vénalité des consciences ne se présenta jamais sous un aspect plus éhonté; témoin cette scène fameuse où le roi numide, cité devant le peuple pour répondre de sa conduite et sommé par le tribun Memmius de se justifier, fut couvert par son compère le tribun Baebius, qui lui refusa la parole. En 103 des ambassadeurs de Mithridate arrivèrent à Rome, la bourse bien garnie, « pour corrompre le Sénat ». Le tribun Saturninus ayant eu l'audace de dénoncer leurs intrigues, les sénateurs qui avaient touché engagèrent les envoyés à lui intenter un procès, et peu s'en fallut qu'il ne fût condamné à mort. César, pendant son consulat, vendit au roi d'Égypte l'amitié de Rome pour un pot-de-vin de 34 millions. Cicéron raconte tout au long dans sa correspondance les manœuvres du même prince qui, après avoir été renversé par une révolution, était venu implorer l'assistance du Sénat. Des spéculateurs avisés, escomptant la restauration, lui firent des avances de fonds considérables, dont il se servit pour répandre l'or à pleines mains. « Nous sommes assaillis ouvertement à coups de sacs d'écus », écrivait Cicéron en janvier 56, et plusieurs de ses collègues capitulèrent. Pompée était un de ceux dont la cupidité s'intéressait le plus au souverain détrôné; il l'avait installé chez lui, dans sa villa des monts Albains, et on devine qu'il lui vendit cher sa protection. De leur côté, les Égyptiens dépêchèrent des agents pour combattre leur ancien roi par les mêmes armes, et ce fut pendant quelques mois une pluie d'argent qui tomba sur la noble assemblée [1].

La justice était une source de profits, comme le gouvernement. Dans les deux derniers siècles de la république les crimes furent jugés par des jurys composés tantôt de sénateurs exclusivement, tantôt de

1. Voir p. 220 et suiv.

chevaliers, tantôt de sénateurs, de chevaliers et d'une troisième classe de citoyens. Or il était notoire que dans ces tribunaux l'or et la passion politique décidaient tout. Quand les sénateurs étaient maîtres des jurys, ils condamnaient systématiquement les chevaliers, et ceux-ci prenaient leur revanche quand ils y dominaient à leur tour. D'ailleurs la vénalité des uns et des autres était pareille. Verrès, très expert en la matière, avait fait trois parts de l'argent qu'il avait volé en Sicile : la première était pour lui, la seconde pour ses avocats, et la troisième pour ses juges. Les historiens énumèrent une foule d'acquittements iniques qui furent obtenus de la sorte. Dans une circonstance on gagna seize jurés à raison de 8 600 francs par tête. On citait de nombreux sénateurs qui avaient trafiqué de leur vote, et Cicéron en connaissait un notamment qui avait reçu des fonds à la fois de l'accusateur et de l'accusé. Clodius dans un procès fut absous par trente et une voix contre vingt-cinq; comme les juges avaient exigé qu'on les entourât d'une troupe de police afin de les défendre contre la populace. « C'est donc pour mieux protéger votre argent, leur dit-on, que vous avez réclamé des gardes. » Dans ses *Verrines*, Cicéron semble se préoccuper beaucoup moins de flétrir les rapines de Verrès devant les sénateurs réunis pour le juger que de stigmatiser la corruption des sénateurs devant l'opinion publique, et il leur parle sur un ton de menace, comme s'ils étaient eux-mêmes sur la sellette.

Mais c'est surtout dans l'administration des provinces qu'on avait des occasions de s'enrichir. Tout préteur, tout consul sorti de charge était investi d'un gouvernement provincial qui durait deux ou trois ans, et c'était une bonne aubaine que de tomber sur une contrée prospère et étendue. Quand Cicéron, dans sa lutte contre Catilina, voulut s'assurer le concours de son collègue Antonius, qui était suspect, il n'eut qu'à lui céder l'expectative de la Macédoine. En principe, la fonction était gratuite; mais en réalité elle était accompagnée d'énormes profits. L'État allouait au gouverneur des frais d'établissement qu'on avait coutume d'évaluer largement; pour un certain Pison ils s'élevèrent presque à quatre millions; il est vrai que la somme était très exagérée. En outre, le proconsul avait droit pour lui et pour sa suite à des prestations considérables, fournies par les provinciaux, mais payées par le Trésor. Si l'on y joint quelques avantages accessoires, tels que les cadeaux des municipalités et les parts de butin en cas d'expédition militaire, on se convaincra que ces sortes de missions étaient fort enviables. Un chiffre en dira sur ce point plus que tout le reste. Cicéron ne demeura qu'un an en Cilicie, dans une province qui n'était pas riche, et il en rapporta 480 000 francs sans avoir commis la moindre illégalité (*salvis legibus*).

Les gouverneurs honnêtes se contentaient de ces bénéfices; mais la plupart s'efforçaient de retirer le plus possible d'une magistrature qu'ils ne devaient exercer qu'une fois, et ils avaient pour cela toutes les facilités désirables. Qu'on se représente un proconsul arrivant dans un pays étranger, au milieu d'une population qu'il méprisait un peu et qu'il n'avait aucun intérêt à ménager. Il avait des pouvoirs à peu près illimités; sur place point de contrôle; si après son retour il était poursuivi devant les tribunaux de Rome, la répression était en général assez molle, à moins que la passion politique s'en mêlât, et il avait toujours la ressource de la corruption, si bien que des concussionnaires avérés échappaient fréquemment à toute punition ou ne subissaient qu'une peine dérisoire. De là toutes les malversations que les auteurs nous signalent. Cicéron se faisait fort de démontrer que Verrès avait extorqué indûment neuf millions aux Siciliens. Lépidus, avec l'argent qu'il vola dans cette province, acheta le consulat. Dolabella fut obligé de restituer 660 000 francs qu'il avait perçus en trop dans la sienne, sous forme de prestations. Un détail curieux jette un jour singulier sur la conduite de Pison en Macédoine; les habitants d'Apollonie lui donnèrent 1 200 000 francs pour qu'il les autorisât à ne pas payer leurs dettes. Quand César partit pour son gouvernement d'Espagne en 62, il avait un passif de cinq millions et demi, et quand il revint, au bout d'un an, ses créanciers cessèrent de le tourmenter. Cicéron ne trouve pas d'expressions assez énergiques pour caractériser l'état de la Cilicie, telle qu'il l'a reçue de son prédécesseur. « Appius, dit-il, n'a laissé que ce qu'il n'a pu enlever; il a ruiné le pays de fond en comble, et tout son entourage a rivalisé de violence et de brutalité. » Voici en quels termes il résume son jugement sur les effets de l'administration romaine. « On ne saurait croire à quel point nous sommes détestés des étrangers pour les rapines des chefs militaires que nous avons envoyés chez eux dans ces derniers temps. Pas un temple qui ait été à l'abri de leurs sacrilèges, pas une ville qu'ils aient respectée, pas une maison qui ait été garantie de leurs brigandages. Il n'y a pas en Asie de cité assez opulente pour assouvir la rapacité d'un général, que dis-je? d'un simple officier. Les plaies de nos sujets sont connues; nous apercevons leurs désastres; nous entendons leurs plaintes. Les revenus publics, au lieu d'enrichir le Trésor, sont la proie de quelques particuliers; tant est grande la cupidité des hommes qui vont gouverner nos provinces! » A voir l'impunité dont ils jouissaient d'ordinaire, il est probable que le monde officiel les jugeait peu répréhensibles. Quand le scandale était vraiment excessif, on le réprimait quelquefois, avec modération; mais au fond, dans ce milieu-là, il paraissait légitime de tondre, même de très près, le troupeau qu'on avait conquis; il s'agissait seulement de ne pas le faire trop crier.

Au-dessous de la classe sénatoriale il existait toute une catégorie de citoyens qui, par d'autres moyens, prenaient part aussi à la curée; c'était l'ordre des chevaliers ou des publicains. On peut ranger leurs opérations sous trois chefs principaux.

D'abord, les entreprises. L'État romain préférait au système de la régie celui de l'adjudication, et il l'appliquait à tout. Or, comme les sénateurs étaient rigoureusement exclus des contrats où il était en cause, le monopole en était forcément attribué aux chevaliers, les seuls qui, en dehors des sénateurs, eussent des capitaux suffisants. C'étaient eux qui se chargeaient des fournitures destinées aux armées, vivres, vêtements, chevaux, matériel de guerre; c'étaient eux qui, dans les limites des crédits accordés par le Sénat, construisaient et entretenaient les routes, les ponts, les égouts, les temples, les basiliques, les remparts; c'étaient eux également qui percevaient les impôts, à la manière de nos traitants d'autrefois.

Les chevaliers avaient encore l'habitude de louer les terres domaniales. Au Iᵉʳ siècle avant J.-C., il y avait fort peu de ces terres en Italie; mais dans les provinces elles occupaient des espaces immenses, et les capitalistes romains en avaient accaparé un grand nombre. Tels étaient les biens des anciens rois de Pergame, de Bithynie et de Macédoine; d'autres étaient situées en Sicile, en Afrique, en Cilicie, en Cyrénaïque. Il leur était loisible de les sous-louer. Quand ils les exploitaient eux-mêmes, ils les convertissaient volontiers en pâturages, à moins que le sol fût d'une fertilité exceptionnelle; ils réduisaient ainsi leur personnel et leurs frais de main-d'œuvre.

Enfin ils pratiquaient le commerce de l'argent[1].

1. Voir p. 207-212.

Les *negotiatores* romains, dont les documents nous révèlent la présence jusque dans de petites localités, étaient presque tous des banquiers ou des usuriers. Sur la place de Rome les capitaux étaient si abondants qu'à l'époque de Cicéron le taux normal de l'intérêt était de 4 p. 100, sauf en temps d'élections, quand les besoins des candidats le faisaient monter à 8 p. 100. Dans les provinces, au contraire, il n'était pas rare qu'il atteignît 48 p. 100, et en tout cas il ne descendait jamais au-dessous de 12 p. 100. C'était donc un excellent calcul que de se procurer de l'argent à Rome pour le prêter à des Gaulois, des Grecs ou des Asiatiques, et afin que ce privilège fût réservé aux citoyens, on avait décidé que les provinciaux ne pourraient emprunter qu'en province. Il en résultait que tout événement survenu au loin avait sa répercussion dans la capitale; un krach qui se produisait en Asie jetait le trouble dans la Bourse de Rome et risquait d'y provoquer des catastrophes. Les publicains avaient dans le monde entier une clientèle extrêmement variée. Ils avançaient des fonds non seulement aux particuliers, mais encore aux cités obérées par suite de leur mauvaise administration ou de la lourdeur des impôts, et à des souverains étrangers qui se trouvaient dans la gêne, comme Hiempsal de Maurétanie, Ariobarzane de Cappadoce ou Ptolémée Aulète d'Égypte. Un chevalier n'était parfois que l'homme de paille d'un opulent sénateur qui, pour ne point figurer dans les contrats de ce genre, plaçait son argent sous le couvert d'autrui ; ainsi Cluvius de Pouzzoles servit fréquemment d'intermédiaire à Pompée. Mais la plupart spéculaient pour leur propre compte, soit isolément, quand l'affaire n'était pas au-dessus de leurs moyens, soit en se groupant. Les Romains avaient des compagnies financières, qui comprenaient à la fois des associés en nom et des commanditaires. Les publicains y entraient en masse et de plus ils en gardaient la direction. Mais il semble que beaucoup de petits rentiers y eussent des intérêts, et il en était de même des sénateurs. Ceux-ci, à condition de s'abriter sous le voile de l'anonymat, éludaient par là les dispositions légales qui leur défendaient de conclure un marché avec l'État et les sévérités du préjugé qui leur interdisait de rien gagner autrement que par l'agriculture. Il leur suffisait d'être actionnaires d'une de ces sociétés pour participer, sans se compromettre, à tous les bénéfices que réalisaient les manieurs d'argent.

Les financiers ne sont pas tendres pour ceux qu'ils exploitent. A Rome ils étaient peut-être plus durs qu'ailleurs, en raison de l'âpreté spéciale de ce peuple, et aussi parce que leurs victimes étaient des populations étrangères et vaincues. Il s'écoula un long intervalle de temps avant que les Romains s'accoutumassent à considérer les provinciaux comme leurs égaux, et ce fut seulement sous l'Empire qu'on commença à les traiter avec humanité. L'essentiel pour un publicain c'était de rendre aussi fructueuse que possible l'opération dont il s'était chargé. S'agissait-il d'un travail à exécuter? L'adjudicataire s'arrangeait de manière à ce qu'il coûtât cher à l'État et peu de chose à lui-même. Le fermier d'une terre domaniale cherchait toujours quelque subterfuge pour ne pas payer le prix de location ou pour le réduire. La société qui avait soumissionné la perception d'un impôt extorquait aux contribuables bien au delà de ce qu'ils devaient, et il n'était pas de fraudes, de violences, d'iniquités qu'elle n'imaginât pour élargir l'écart entre ses encaissements et ses versements au Trésor. Ce système avait pour effet de multiplier les dettes, tant des villes que des particuliers, et ce nouveau fléau engendrait des abus innombrables. Les capitalistes stipulaient des intérêts exorbitants qui, en s'accumulant, finissaient par conduire le débiteur à la banqueroute; puis, quand ils voulaient rentrer dans leurs fonds, ils montraient une rapacité impitoyable. Emprisonnements, torture, garnisaires, tout leur était bon, et l'on voyait une foule de gens vendre leurs enfants, fuir chez les pirates, ou tomber en servitude[1]. On connaît l'histoire de la créance de Brutus sur Salamine de Chypre. Il avait prêté à cette cité une certaine somme au taux de 48 p. 100. Quand l'échéance arriva, elle se déclara insolvable. Alors l'agent de Brutus obtint du gouverneur de la province une troupe de cavalerie, et, pour forcer la main au conseil

1. Reinach, *Mithridate Eupator*, p. 83-86.

municipal, il établit autour de lui un blocus si rigoureux que cinq membres moururent de faim. Peine
inutile d'ailleurs! car les pauvres Salaminiens étaient
sans le sou.

Dans cette mise en coupe réglée du monde romain,
les chevaliers avaient la prétention d'exiger que l'autorité publique fût à leur dévotion ou du moins qu'elle
fermât les yeux. Quiconque essayait d'empêcher leurs
déprédations se faisait de l'ordre tout entier un
ennemi mortel, et il était dangereux d'encourir leur
hostilité; car ils avaient à Rome une grande influence
politique, et ils furent souvent maîtres des tribunaux
criminels. Q. Mucius Scaevola, proconsul d'Asie,
avait combattu de son mieux, par son intègre justice,
la cupidité des publicains qui, avant lui, « remplissaient la province de leurs excès ». Ceux-ci, dans leur
colère, n'osèrent pas attaquer directement un homme
à qui ses administrés avaient décerné des honneurs
divins; mais ils s'en prirent à son légat, l'honnête
Rutilius, et ils le firent condamner pour corruption.
La preuve que l'accusation n'était pas fondée, c'est
que Rutilius exilé se retira à Smyrne, au milieu des
gens qu'il était censé avoir pillés, et qu'il y vécut
longtemps entouré du respect de tous. Lucullus avait
publié en faveur des Asiatiques une série d'ordon-
nances conçues dans un excellent esprit, mais qui
avaient le tort de léser les intérêts des capitalistes
romains; aussi ne négligèrent-ils rien pour provoquer
sa destitution, qui fut prononcée quelque temps après.

Un des motifs qui contribuèrent le plus à brouiller les chevaliers avec le Sénat vers l'année 60 av. J.-C. est le refus qu'il opposa à une pétition de la compagnie fermière des impôts d'Asie, qui sollicitait la résiliation ou la revision de son bail.

L'ordre équestre était si puissant et ses vengeances si redoutables que les gouverneurs provinciaux en général les laissaient faire ; ils toléraient leurs pires iniquités, quand il ne s'y associaient pas, et les pots-de-vin triomphaient souvent de leurs derniers scrupules. S'il leur en restait encore, ils avouaient eux-mêmes que leur conscience était mise fréquemment à de rudes épreuves. Cicéron, malgré tant de raisons, personnelles et politiques, qu'il avait d'être indulgent aux publicains, écrivait ceci à son frère : « Prendre parti pour eux, c'est aliéner de la république et de nous un corps à qui nous avons de grandes obligations et que nous avons rattaché étroitement au Sénat ; leur lâcher la bride, c'est consentir à la ruine de ces provinciaux dont les intérêts doivent nous être chers... A en juger par les plaintes des Italiens, je devine de quelle manière ils traitent nos sujets à l'extrémité de l'empire. Pour les satisfaire sans sacrifier complètement les indigènes, il ne faut pas moins qu'une vertu divine [1] ».

Cet amour passionné de l'argent que nous constatons dans la société romaine entraîna de graves con-

1. Cicéron, *Ad Quintum fratrem*, 1, 1, 32, 33.

séquences politiques. Rome n'était pas la capitale
d'un empire; c'était une cité souveraine qui dominait
d'autres cités et qui les exploitait sans vergogne.
Par l'impôt, par l'usure, par l'ensemble des procédés
que nous avons décrits, l'État et les particuliers s'en-
richissaient à leurs dépens et par suite plus l'Empire
s'agrandissait, plus aussi s'enflait le flot d'or qui des
provinces coulait vers l'Italie. Le second siècle avant
notre ère vit se manifester deux phénomènes simul-
tanés, d'une part le développement de la classe des
chevaliers et le perfectionnement de l'organisation
capitaliste par la formation des sociétés financières,
d'autre part l'élan qui poussa décidément le peuple
romain dans la voie des conquêtes. S'il est vrai,
comme l'affirme Polybe, que presque tous les citoyens
étaient intéressés aux opérations diverses des manieurs
d'argent, on conçoit que l'humeur envahissante de
ceux-ci ait rencontré peu d'obstacles. Les chevaliers
ne gouvernaient pas l'État; ils n'étaient ni consuls,
ni proconsuls, ni même sénateurs; et pourtant ils
exerçaient une influence prépondérante sur la marche
des affaires publiques. Ils jouaient à peu près le rôle
de ces milliardaires américains qui, sans entrer dans
les assemblées ni dans les fonctions officielles, impri-
ment à la politique des États-Unis la direction qu'il
leur plaît. Rome fut conquérante parce qu'ils le voulurent, et ils le voulurent parce que chaque province
nouvelle, en augmentant les terres domaniales qu'ils
louaient, les impôts qu'ils percevaient, les débiteurs

qu'ils pressuraient, leur apportait un supplément de bénéfices.

Les peuples modernes peuvent tirer parti de leurs capitaux, sans posséder de territoires au dehors. Nous plaçons volontiers les nôtres dans des contrées qui ne nous appartiennent pas, parce qu'il existe aujourd'hui un droit international qui protège partout les biens des étrangers. Rien de pareil dans l'antiquité. Là, une fois la frontière franchie, on n'avait plus de sécurité. Les mésaventures de Rabirius en Égypte montrent que même dans un royaume client les Romains couraient de gros risques[1]; à plus forte raison y étaient-ils exposés dans les pays qui échappaient à leur contrôle. Voilà pourquoi les publicains exigèrent que l'Empire s'étendît à l'infini. Il leur fallait un champ d'action de plus en plus vaste, et ils ne pouvaient guère le trouver que chez des peuples soumis à la domination de Rome. Il n'y eut pas de limite aux annexions, parce que la richesse mobilière était en progrès constant, et c'est ainsi que de proche en proche on s'empara de tout le monde méditerranéen. Ces agrandissements perpétuels répondaient tellement à un besoin réel, qu'à peine les légions avaient-elles pénétré quelque part, aussitôt les capitalistes les suivaient, s'ils ne les avaient pas devancées. On voyait jusqu'à des soldats pratiquer l'usure pendant leurs expéditions. Il y avait tant d'argent en Italie que les spéculateurs allaient le faire valoir, dès le len-

1. Voir pages 229-233.

demain de la conquête, dans les provinces les plus pauvres et les plus barbares. Tout était une proie pour ces gens âpres au lucre et libres de scrupules, et c'est précisément parce que leur avidité était sans bornes qu'ils pressaient le Sénat et le peuple de reculer incessamment celles de l'Empire.

III

L'armée primitive. — Réforme militaire de Marius. — Mœurs nouvelles de l'armée. — Popularité des généraux. — Leur puissance. — Sylla, Pompée, César, Octave. — Le régime impérial né de l'impérialisme.

L'armée qui avait suffi pour conquérir l'Italie ne suffit plus pour conquérir le monde.

Tant que les Romains furent en guerre avec les peuples limitrophes, les campagnes avaient une courte durée. Chaque année on levait les troupes nécessaires, et on les licenciait en hiver, pour recommencer au printemps suivant. Dans l'intervalle le citoyen pouvait labourer et ensemencer ses champs, soigner ses vignes et son bétail, et si au moment de la récolte il était sous les drapeaux, sa famille et ses esclaves le remplaçaient. D'ailleurs la solde qu'il touchait et le butin qu'il rapportait fréquemment chez lui le dédommageaient des sacrifices que la patrie lui avait imposés pendant quelques mois. J'ajoute qu'on était rarement appelé deux ans de suite et que les magistrats chargés de procéder au recrutement avaient égard habituellement à la situation personnelle des conscrits; c'est ainsi qu'ils prenaient les jeunes gens et les célibataires plutôt que les pères de famille. Bref, dans ce système, l'armée n'était qu'une milice de citoyens; de plus elle n'était pas permanente; elle n'existait que dans la belle saison, quand les opérations de guerre étaient possibles.

Plus tard le cercle des hostilités s'élargit. On eut à faire non plus aux Latins, aux Étrusques et aux Sabins, c'est-à-dire à des ennemis tout proches, mais à des populations situées au fond de l'Italie ou dans la Cisalpine; puis, allant plus loin, on poussa jusqu'en Afrique, en Espagne, en Grèce, en Orient. Les expéditions devinrent plus longues; on cessa, vu la distance, de renvoyer les soldats dans leurs foyers au début de l'hiver; on les retint alors même que la guerre était suspendue; et il arriva de la sorte qu'une foule de citoyens restaient éloignés de leur maison et de leur famille pendant plusieurs années consécutives. Lorsqu'on les enrôlait, ils ne savaient jamais combien de temps ils demeureraient sous les armes. Liés à leur chef par un serment solennel qui leur interdisait de l'abandonner, ils ne pouvaient espérer leur congé que de son bon plaisir, et presque toujours il les gardait jusqu'à la conclusion de la paix. Tant qu'un homme n'avait pas fait seize campagnes dans l'infanterie ou dix dans la cavalerie, l'État avait, à tout moment, le droit de l'incorporer dans les légions, et comme les recrues étaient choisies, au lieu d'être désignées par le sort, on levait de préférence des soldats qui avaient déjà servi.

Cette organisation était trop défectueuse pour durer. Une armée de miliciens ne se conçoit que dans un pays et à une époque où les guerres se terminent rapidement. Si au contraire elles tendent à s'éterniser, si les années s'écoulent avant que le soldat rentre chez lui, le regret des affections dont il a été violemment séparé et le souci des intérêts qui souffrent de son absence ajoutent un tel poids à la lourdeur du service qu'il finit par le trouver intolérable. A cet égard, la condition des Romains était analogue à ce que serait la nôtre, si chacun de nous était astreint à passer, de temps à autre, deux ou trois ans de suite dans les troupes d'Algérie, d'Indo-Chine ou de Madagascar. Sans doute le citoyen romain vivait du travail de ses esclaves, comme nous vivons du travail des ouvriers; mais il vivait également de son travail propre. Pour cultiver ses terres, pour faire fructifier ses capitaux, pour diriger son personnel servile, pour élever aussi ses enfants, il avait besoin de séjourner à Rome ou en Italie. Les exigences du devoir militaire jetaient donc un grand trouble dans son existence, et on sentit assez vite la nécessité de les atténuer.

Depuis longtemps il était de règle que les « alliés » de Rome, c'est-à-dire ses sujets, fussent appelés à l'armée, non pas dans les légions, mais dans les corps auxiliaires. En 225 avant Jésus-Christ, sur 770 000 hommes qu'elle pouvait mettre en ligne, il y avait environ 443 000 Italiens et 325 000 Romains. On ne s'écarta jamais de cet usage; à mesure qu'un peuple était assujetti, on l'obligeait à fournir des contingents, et on en vint même parfois à chercher des soldats, notamment des cavaliers, au delà des frontières, par exemple en Germanie et en Maurétanie. Mais les légions, qui formaient la partie la plus solide de l'armée, se recrutaient exclusivement parmi les citoyens, sauf quand la patrie était en danger. Tous les citoyens n'étaient pas autorisés à y figurer; au-dessous d'un certain chiffre de fortune, on était relégué dans les troupes légères ou sur la flotte. Le cens requis était au minimum de 600 francs, et il semble bien qu'il suffisait pour éloigner une masse énorme d'individus.

Une première innovation, antérieure au milieu du second siècle, consista à l'abaisser jusqu'à 4 000 as, (377 fr. [1]). Mais on ne s'arrêta pas là. En 107, quand Marius partit pour la guerre de Jugurtha, il enrôla les citoyens qui, sans posséder 4 000 as, consentirent à l'accompagner comme volontaires, et, à en croire Salluste, ceux qui se présentèrent furent surtout des hommes qui n'avaient pas 1 500 as (141 fr.). Cette pratique fut dès lors tout à fait courante. On n'abolit pas le principe ancien, qui voulait que tout citoyen restât à la disposition de l'État entre dix-sept et quarante-sept ans, et il y eut encore des circonstances où l'on recourut à la conscription. Mais de plus en plus

---

1. D'après Polybe, 4 000 as valaient alors 400 drachmes, et la drachme valait 0 fr. 9437.

c'est par le volontariat que l'armée s'alimenta désormais. La base du recrutement se trouva par là bien élargie, et la classe moyenne, qui auparavant supportait seule la charge du service, fut notablement allégée. Ce n'est pas tout : en 87 les habitants de l'Italie reçurent en bloc le droit de cité romaine; par suite ils eurent accès dans les légions, et ils s'accoutumèrent, eux aussi, à s'offrir comme volontaires. L'état économique de la péninsule était alors très mauvais et la petite propriété avait à peu près disparu; les pâturages avaient remplacé les terrains de culture; les esclaves abondaient, et une foule de paysans étaient sans emploi. L'exode qui les entraînait vers la capitale prouve que souvent ils n'avaient pas chez eux de quoi vivre. La même raison les entraîna vers l'armée. Il est visible qu'au Ier siècle avant Jésus-Christ les généraux se procuraient sans peine, par le simple jeu des engagements libres, tous les soldats qu'il leur fallait. L'afflux des Italiens dans les légions créait, il est vrai, des vides dans les troupes auxiliaires, que jadis ils remplissaient; mais, pour les combler, on avait la ressource de s'adresser aux provinciaux, dont le nombre augmentait sans cesse. Cela donnait une facilité extrême pour accroître les effectifs. On n'était plus retenu par le souci de ménager les citoyens, puisque les citoyens demandaient eux-mêmes qu'on les prît; on n'avait à ménager que le budget, et on pouvait réunir autant d'hommes que le permettait l'état des finances.

Les propriétaires ruinés, les ouvriers sans travail, les pauvres de toute origine, les gens sans feu ni lieu qui envahissaient l'armée, y entraient avec le désir d'y rester. Ce n'étaient pas des soldats de passage, mais des soldats de métier. Ils s'engageaient dans une légion comme on s'engage dans une profession ordinaire. Le service militaire était pour eux un gagne-pain et non plus un devoir civique. Il leur importait donc au plus haut point qu'il ne fût jamais interrompu et qu'il durât le plus possible. Les renvoyer chez eux aux approches de l'hiver, leur délivrer trop tôt leur congé, c'eût été les priver brusquement de leurs moyens de subsistance et les jeter dans une oisiveté dont ils ne savaient que faire. Le licenciement prématuré d'une légion équivalait pour eux à un *lock-out* soudainement prononcé par un patron contre ses ouvriers. Des hommes pareils se laissaient aisément emmener au fond de l'Asie ou au cœur de la Gaule. Ils n'avaient aucune répugnance pour les expéditions lointaines et prolongées. Leurs pensées n'étaient pas tournées vers l'Italie à laquelle aucun intérêt sérieux ne les rattachait, et ils se livraient tout entiers à leur tâche, pourvu qu'ils eussent l'espoir d'en être récompensés.

Ils avaient des mœurs de mercenaires et cherchaient principalement à la guerre des avantages matériels. Ce n'était pas assez qu'on leur payât une solde journalière ; ils voulaient aussi des gratifications après la victoire, et souvent des terres au moment de leur congé définitif. Quand on forma l'armée destinée à combattre le roi de Macédoine Persée, beaucoup d'individus accoururent spontanément sous les drapeaux, parce que ceux qui avaient servi contre Philippe et Antiochus étaient revenus les poches pleines. Lorsque Marius enrôla l'armée d'Afrique, il lui promit un butin considérable, et pendant toute la campagne il la laissa piller à sa guise; c'est là surtout, remarque Salluste, ce qui le rendit populaire. La loi obligeait le général vainqueur à verser dans la caisse du Trésor le produit des dépouilles de l'ennemi; Marius la tourna en vendant à ses troupes, pour un prix dérisoire, les immenses bagages des Cimbres. La prise de Tigranocerte en Arménie fut suivie d'une distribution de 766 francs par tête. Lors du triomphe de Pompée, chaque homme reçut pour sa part 1 200 francs, et lors du triomphe de César, 4 730. Sylla se montra d'une générosité inouïe. Après la défaite de Mithridate, l'armée cantonnée dans les villes grecques de la province d'Asie, mena joyeuse vie aux frais des habitants. Chaque soldat recevait de son hôte 16 drachmes (15 francs) par jour, plus un repas pour lui et pour tous les amis qu'il lui plaisait d'inviter; le centurion avait droit à 50 drachmes et à deux vêtements, l'un pour l'intérieur, l'autre pour la promenade. Dans ces contrées riches et voluptueuses, ils contractèrent des habitudes de luxe, de débauche et de licence. « Ils commencèrent, dit un contemporain, à regarder avec convoitise les statues, les peintures, les vases précieux, à dépouiller les temples, à ravir indifféremment les choses sacrées et les choses profanes. » De retour en Italie, on les combla de largesses. A tous on donna des terres fertiles, découpées dans le domaine de l'État ou confisquées aux particuliers. Il en est même qui furent désormais en situation de vivre dans l'opulence, d'avoir « un train de roi », et on en vit qui arrivèrent au Sénat. Sylla ne fit que porter à ses derniers excès un système qui fut constamment en vigueur de son temps. Tous les soldats libérés réclamaient un traitement analogue. Il était admis qu'en rentrant dans la vie civile ils devaient devenir propriétaires fonciers, et on s'ingéniait pour leur ménager cette bonne fortune, non qu'on songeât à reconstituer ainsi la classe agricole, mais simplement parce qu'on voulait leur assurer une espèce de retraite. Le malheur est que la plupart d'entre eux gaspillaient le petit capital qu'on leur avait octroyé; ils aliénaient leurs terres malgré la loi; ils dépensaient l'argent qu'ils en avaient retiré, et, tombés de nouveau dans la pauvreté, ils attendaient impatiemment quelque occasion de reprendre du service.

L'armée d'alors, avec ses enrôlements volontaires, avec ses soldats sortis presque entièrement des bas-fonds de la société, avec son service prolongé, avec ses auxiliaires fournis par toutes les populations de l'Empire, rappelle par bien des côtés l'armée anglaise; elle ne s'en distingue guère que par le mode de rémunération. Envisagée dans ses traits essentiels, elle est le type de ces troupes coloniales que certains États s'efforcent aujourd'hui d'organiser. Elle était très différente de la milice du IVe et du IIIe siècle; mais elle ne lui cédait en rien, sinon comme valeur morale, du moins comme valeur militaire. L'exemple de Sylla et de César fit voir de quoi elle était capable entre les mains d'un grand général. Rome eut en elle un merveilleux instrument de conquête. Son armée de citoyens lui avait donné l'Italie et l'avait sauvée d'Hannibal; les soldats de métier lui donnèrent le monde.

La médaille toutefois eut son revers. Si l'impérialisme triomphant rapporta beaucoup de gloire et beaucoup de richesses, il eut dans l'ordre politique des effets aussi funestes qu'imprévus; c'est lui qui amena la chute du régime républicain[1].

Après avoir passé plusieurs années dans les camps, le Romain n'était plus citoyen que de nom. L'esprit civique s'atrophiait en lui; il perdait jusqu'à la notion des principes fondamentaux de l'État, parce qu'il ne les voyait plus fonctionner sous ses yeux. La souveraineté du peuple, les lois, le Sénat, n'étaient pour lui que des termes vagues, dépourvus de toute réalité et de toute signification. La seule chose qu'il comprît, c'était l'autorité de son chef, qui était toujours là, présente et agissante, c'étaient les ordres que ce chef formulait, les punitions qu'il infligeait, les récom-

---

1. Voir un bel article de Fustel de Coulanges publié dans la *Revue des Deux Mondes*, 15 novembre 1870.

penses qu'il distribuait. Son regard et sa pensée se concentraient sur cet homme de qui il avait tout à craindre et à espérer, et il finissait par oublier complètement les pouvoirs lointains de Rome, dont il ne subissait jamais l'action directe. Il n'avait d'autre maître que son général, d'autres lois que les règlements militaires, d'autre cité que l'armée. L'armée était, pour ce déraciné de la vie civile, une sorte de monde à part, dont les limites bornaient son horizon. Il y trouvait l'aliment de son activité, la source de ses joies, la satisfaction de ses goûts et de ses intérêts. Il y entrait pauvre, et il en sortait avec l'aisance ou la richesse. Il avait donc tous les motifs pour la préférer à tout le reste. Le reste, à vrai dire, n'existait pas pour lui, sans en excepter même l'État, et il était à prévoir que le jour où il serait mis en demeure d'opter, c'est à l'armée qu'il sacrifierait la république. Qu'un conflit éclatât entre le Sénat et le général rebelle, celui-ci pouvait être assuré de l'appui de ses soldats, déshabitués depuis longtemps du respect des lois. Loin de faire obstacle à l'ambition de leurs chefs, ils étaient plutôt disposés à l'encourager. Il était naturel qu'ils s'attachassent surtout à l'homme qui leur procurait le plus de profits, puisqu'ils ne s'engageaient que pour cela. Plus il était puissant, plus il était en mesure de leur prodiguer ses largesses, et si par leur concours il réussissait à se rendre maître de l'État, l'État tout entier était appelé à devenir leur proie. Rien ne contribua autant que ce fâcheux calcul aux guerres civiles qui ensanglantèrent le 1er siècle avant Jésus-Christ. Il fut cause que les soldats cessèrent « d'être des soldats de la république pour être les soldats de Sylla, de Marius, de Pompée et de César », et que, suivant les fortes paroles de Montesquieu, « Rome ne put plus savoir si celui qui était à la tête d'une armée dans une province était son général ou son ennemi ».

Tout conspirait alors pour placer les généraux hors de pair. De tout temps les Romains avaient été sensibles à la gloire militaire; mais jamais cet engouement ne fut tel qu'à cette époque, et il était d'autant plus dangereux qu'il avait pour effet d'exalter des individus et non pas la patrie. Cette nouveauté apparut quand Scipion, vainqueur d'Hannibal, débarqua en Italie. Partout, sur son passage, citadins et campagnards accouraient pour le voir et l'acclamer. A Rome, la foule voulait lui conférer le consulat et la dictature à vie, lui dresser des statues dans le lieu des comices, sur la tribune aux harangues, dans la salle du Sénat et dans le sanctuaire de Jupiter. Il repoussa ces honneurs et se contenta d'accepter le titre d'*Africain*; mais plus tard il montra qu'il se considérait comme étant au-dessus des lois. Un jour qu'un tribun lui intentait devant le peuple un procès régulier, il refusa dédaigneusement de se justifier, sous prétexte que c'était l'anniversaire de sa victoire de Zama, et il entraîna la multitude docile vers le Capitole, pour y remercier les dieux, donnant ainsi l'exemple, dit Tite-Live, « d'un particulier qui triomphait de la république elle-même ». Marius, après l'anéantissement des Teutons et des Cimbres, fut l'objet d'un véritable culte, qui se manifestait par des libations sacrées. Ce fut bien pis, lorsqu'il suffit à Pompée, encore simple chevalier, de battre Sertorius et Spartacus pour acquérir d'emblée une popularité à laquelle pas une loi ne résistait. Les aristocraties sont habituellement moins promptes à s'emballer; elles se défient des chefs d'armée au moment même où elles les récompensent; elles multiplient contre eux les précautions, et elles aiment mieux les enrichir que de leur accorder le pouvoir. La populace, au contraire, échappe rarement à la séduction qu'ils exercent. Éblouie par l'éclat des succès qu'ils ont remportés, gagnée à l'avance par la pensée de ceux qu'ils promettent, elle ne voit plus qu'eux dans l'État; elle leur livre les libertés publiques, et elle va au-devant de la servitude, sans réflexion, sans dessein arrêté, sans se douter même de ce qu'elle fait. La démocratie romaine partagea ce travers avec toutes les autres, et c'est justement quand elle tendit à prévaloir que les progrès du militarisme s'accentuèrent.

Jadis les généraux étaient les magistrats mêmes de la cité. Si une guerre survenait, les consuls, les préteurs en étaient chargés, et, au bout de l'année, ils étaient remplacés à la tête des troupes, à moins qu'on ne jugeât indispensable de les y maintenir; ce qui était assez rare. Mais la raison qui rendit l'armée permanente finit aussi par rendre les chefs permanents. Quand les hostilités avaient lieu loin de Rome, il importait souvent à la bonne conduite des opérations d'en laisser lontemps la direction au même individu. Ainsi Scipion resta quatre ans en Espagne et trois ans en Afrique. Marius fut réélu consul plusieurs fois de suite, tant que dura l'invasion cimbrique. Sylla partit pour l'Asie au début de 87 et ne revint qu'en 84. Lucullus y séjourna depuis la fin de 74 jusqu'en 67. Pompée fut envoyé comme général en chef dans la même contrée en 65 et il ne retourna en Italie que dans les derniers mois de 62. On fit plus en faveur de César; quand on lui confia la guerre des Gaules, on la lui donna pour une période de cinq ans, et bien avant que le terme fût arrivé, on le prorogea pour cinq ans de plus. Le Sénat voyait d'un très mauvais œil ces vastes et longs commandements, qui lui paraissaient incompatibles avec le régime républicain. Mais, s'il se montrait récalcitrant, on s'adressait au peuple, et le peuple, cédant à son penchant naturel pour les hommes de guerre, comprenant peut-être aussi les avantages militaires du nouveau système, se montrait de meilleure composition; c'est de lui que la plupart des personnages énumérés plus haut reçurent leur armée.

Dans ses *Discours sur Tite-Live*, Machiavel exprime l'avis que cette innovation fut une faute très grave. Tout en reconnaissant que « la prolongation des commandements devint de plus en plus nécessaire, à mesure que les armées romaines s'éloignèrent du centre de l'empire », il estime que ce fut là, avec les dissensions provoquées par les lois agraires, la cause essentielle de la chute de la république.

S'il est vrai qu'en toute circonstance l'initiative des agents du gouvernement est en raison inverse de la rapidité des communications, il est clair que ces chefs étaient amenés par la force même des choses à s'arroger une liberté absolue. Le Sénat pouvait leur donner, au moment du départ, des instructions générales, et leur expédier, par intervalles, des ordres spéciaux : ils ne se croyaient liés ni par les uns ni par les autres; car à chaque instant il se produisait sur les lieux des événements imprévus qui en rendaient l'exécution impossible, inutile ou dangereuse. Leurs habitudes d'indépendance étaient telles que parfois ils désobéissaient ouvertement. Muréna savait que la paix avait été conclue avec Mithridate à Dardanos, et il recommença les hostilités sans autorisation. En 67, Lucullus fut destitué : il garda quand même son armée et continua la guerre jusqu'au jour où ses soldats refusèrent de le suivre. Sylla qui, pendant sa dictature, prit tant de mesures pour empêcher le renouvellement des abus qu'il avait lui-même commis, essaya d'assujettir les proconsuls à des règles ; mais, après comme avant lui, leurs pouvoirs de fait furent à peu près illimités. Ils n'étaient pas seulement maîtres de la marche de leurs opérations militaires; on les voyait encore signer des traités de paix, nouer des alliances, disposer de leurs conquêtes, et organiser à leur guise les provinces annexées. Si une commission sénatoriale venait les assister, elle se contentait ordinairement d'approuver, d'autant plus qu'elle était formée presque toujours de personnes amies. Leurs actes avaient besoin d'être ratifiés par les pouvoirs publics; mais il est sans exemple qu'on ait refusé de les sanctionner. Des chefs d'armée comme Sylla, Pompée ou César n'étaient pas les magistrats d'une république; c'étaient de véritables potentats. On chercherait vainement dans l'histoire de leurs commandements la trace d'un contrôle quelconque exercé par le Sénat ou par le peuple. Ceux-ci se dépouillaient pour eux de leur souveraineté, tacitement ou en termes exprès, et dans l'immense région qu'ils leur assignaient, ils en faisaient des espèces d'empereurs anticipés. Ils ne les tenaient même pas par l'argent; car ces hommes s'arrangeaient de manière à se suffire avec les ressources des pays où ils se trouvaient, et quand par hasard ils étaient obligés de demander des fonds ou des vivres, c'était sur un ton qui n'admettait pas de résistance. « Si vous n'écoutez pas mes réclamations, écrivait Pompée au Sénat, j'aurai le regret de conduire mon armée en Italie. »

Lorsqu'on avait atteint ce degré de puissance, on avait une extrême répugnance à descendre du rang où l'on était monté. Comment consentir à vivre désormais en simple particulier, quand on avait été, pendant plusieurs années, un monarque? Peu de gens étaient capables d'un pareil désintéressement. Aussi remarque-t-on que tous les grands généraux du 1ᵉʳ siècle aspirèrent tour à tour au pouvoir suprême; mais tous ne surent pas s'y prendre. Marius perdit tout le fruit de ses victoires dans des luttes politiques où des démocrates plus astucieux que lui l'exploitèrent sans le servir. Il s'aperçut de son erreur, et, pour la réparer, il tâcha de se procurer de nouveau une guerre et une armée; mais il n'y réussit pas et il finit en aventurier. Sylla alla chercher en Orient les moyens de régner dans Rome. Pendant trois ans il eut le temps de gagner le dévoûment de ses troupes en flattant leurs passions les plus viles, si bien qu'on put l'accuser de s'être comporté « comme un démagogue au milieu des camps »; puis quand il les eut gorgées d'argent et qu'il eut fait luire à leurs yeux, pour le jour où il serait tout-puissant, l'espoir d'obtenir des libéralités plus amples encore, il les ramena en Italie. Là, elles combattirent vaillamment pour lui, parce que leur sort était étroitement lié au sien. Le coup d'État accompli, il s'occupa d'assurer la prépondérance du Sénat; mais il n'en conserva pas moins, tant qu'il lui plut, la dictature. Cent vingt mille vétérans disséminés dans la péninsule et prêts à le rejoindre au premier signal lui répondaient de la docilité de tous.

Deux fois l'occasion s'offrit à Pompée de s'emparer de l'autorité absolue et deux fois il la laissa échapper.

En 71, après ses succès sur Sertorius, il inspirait au
Sénat une peur extrême; on craignait qu'il ne tournât
son armée contre la République et qu'il ne reven-
diquât l'héritage politique de Sylla. Mais Pompée
n'eut jamais l'audace de son ambition; il se contenta
de réclamer le consulat, quoiqu'il ne remplît pas les
conditions légales, et on fut enchanté d'en être quitte
à si bon marché. En 62, lorsqu'il débarqua à Brindes,
vainqueur de Mithridate, entouré du prestige de ses
conquêtes, pourvu d'énormes richesses, soutenu par
une armée fidèle et cupide, il n'avait qu'un mot à
dire pour que Rome fût à lui. Mais, au lieu d'entraîner
vers la ville ces soldats, qui seuls pouvaient lui
donner le droit de parler et d'agir en maître, il les
licencia, et aussitôt il ne fut plus rien. Dans la suite,
il occupa encore de hautes fonctions, la *potestas fru-
mentaria*, c'est-à-dire la charge de veiller aux approvisionnements, le consulat (deux fois, dont l'une sans
collègue), le proconsulat d'Espagne avec résidence
aux environs de Rome; mais aucune d'elles ne lui
rendit la situation qu'il avait à son retour d'Asie.

Tandis que par des manœuvres un peu gauches il
essayait de se placer en dehors, sinon au-dessus de la
constitution, un rival redoutable se préparait au delà
des Alpes. César mit dix ans à forger en Gaule l'instrument de sa domination future, et en 49 ce fut avec
des troupes non seulement aguerries, valeureuses et
disciplinées, mais encore dressées au mépris des lois
et au culte de leur chef, qu'il envahit l'Italie. Pompée

reçut alors le grand commandement militaire qu'il attendait depuis treize ans. Avait-il le désir sincère de défendre la république ou la secrète pensée d'en tirer parti pour lui-même? Nous l'ignorons; en tout cas, même parmi ses amis, bien des gens craignaient, comme Cicéron, que la guerre civile ne fût, de toute façon, fatale à liberté et que « la victoire, quelle qu'elle fût, n'engendrât un tyran ». Leurs alarmes n'étaient pas vaines, au moins en ce qui concerne César. Après Pharsale il prit la dictature et la garda. Plus hardi que Sylla lui-même, dont il avait jusque-là imité l'exemple, il se proposa de faire de la monarchie le régime définitif de Rome et il fonda l'Empire. Les républicains eurent beau l'assassiner; son œuvre lui survécut, et Octave n'eut qu'à achever la Révolution qu'il avait commencée.

L'Empire, comme on voit, fut à Rome le fruit naturel de l'impérialisme, de même que l'impérialisme fut la conséquence de l'état économique de la société. Entre tous ces faits il y eut un lien tellement étroit, qu'étant donné le point de départ, il semble que tout le reste devait suivre. Mais ce lien ne fut aperçu par aucun de ceux qui vivaient dans la mêlée; c'est à peine si quelques-uns devinèrent à la longue qu'on marchait vers l'absolutisme. Polybe lui-même, malgré sa profonde perspicacité, ne se douta jamais qu'on allait au militarisme, et que le militarisme tuerait la liberté. Une génération d'hommes se rend compte très rarement de la besogne qu'elle accomplit. Elle prépare l'avenir; mais cet avenir est souvent le contraire de ce qu'elle voulait. C'est l'historien qui constate après coup l'enchaînement et le sens de ses actes, et voilà précisément ce qui fait l'utilité pratique de cette science. Il ne faut pas assurément lui demander de nous tracer la conduite à tenir dans une circonstance déterminée. Mais, en nous montrant dans le passé certains courants d'idées, certaines directions générales d'événements, certains effets produits par certaines causes, elle peut nous aider à éviter bien des fautes et à conjurer bien des dangers. A ce titre, l'expérience de Rome est bonne à méditer; car nulle part on ne saisit mieux sur le vif les perturbations politiques que l'esprit de conquête amène dans un peuple libre.

FIN

TABLE DES MATIÈRES

IV

V

898-05. — Coulommiers. Imp. PAUL BRODARD. — 7-05.